Pies & Tartes

PHOEBE WOOD and KIRSTEN JENKINS

Pies & Tartes

INHALT

6 Einführung

8 *heiß*

Mogler 48

78 *Auf die Hand*

kalt 114

150 Teiggitter
153 Register
156 Über die Autorinnen
158 Dank

EINFÜHRUNG

Phoebe Meine Besessenheit von Pies begann während eines Trips nach New York. Ich hatte meinen Job gekündigt, meine Sachen gepackt und war in eine Stadt gereist, in der ich noch nie zuvor gewesen war und wo ich kaum jemanden kannte. Ich verbrachte diese Zeit damit, jeden Winkel der Stadt zu erkunden. Zehn Kilo später hatte ich eine Menge Pies gegessen (oh, und nicht zu vergessen, Donuts) und mich an Thanksgiving sogar daran versucht, meine erste eigene Pie zu backen (es war eine Pekannuss-Schokoladen-Pie). Es ist schwer zu sagen, warum es mir gerade Pies angetan haben. Ich war einfach begeistert davon, dass die »Pie« in den Vereinigten Staaten eine eigene Kultur hat. Mir schien es so, als wüssten alle da drüben, wie man Pie zubereitet. Jeder hatte ein spezielles Familienrezept oder konnte eine bestimmte Füllung empfehlen. Es gibt Läden, wie den *Four and Twenty Blackbird Pie Shop* in New York, die auf ein einziges Produkt spezialisiert sind: Pie. Pie war eine Offenbarung für mich. Zurück in Sydney verbrachte ich Monate damit, die Kunst des perfekten Pie-Teiges zu lernen, der sich stark von der mir bekannten Art Mürbeteig unterscheidet. Pie-Teig enthält eine Menge dicke Stückchen hochwertiger Butter, und in der Regel wird ein klein wenig Essig untergemischt, damit das Gluten kein Netzwerk bildet, sodass ein wunderbar lockerflockiger, knuspriger Teigboden entstehen kann. Ich verbrachte ganze Wochenenden damit, Pie-Perfektion anzustreben und neue Kombinationen für Füllungen zu ersinnen. Eines Sonntags wurde mir klar, dass ich ein Buch über Pies schreiben musste. Aber wen könnte ich davon überzeugen, das mit mir zu tun? Da kam mir nur eine Person in den Sinn:

Kirsten Schon bevor ich Phoebe das erste Mal traf, hatte ich alles über sie gehört! Wir waren auf demselben College und hatten dort dieselben Dozenten gehabt. Wir fingen zur gleichen Zeit an, für zwei unterschiedliche Food-Magazine zu arbeiten, und die Branche hier ist so klein, dass wir dieselben Leute kannten. Unsere Wege kreuzten sich, als Phoebe begann, beim Magazin *Feast* von SBS zu arbeiten, für das ich damals freiberuflich tätig war. Schon bei

unserem ersten Telefongespräch, das nur aus Lachen bestand (ein bisschen redeten wir auch über Essen), kamen wir hervorragend miteinander aus. Wir hatten – und haben – die gleiche Philosophie, wenn es ums Essen geht. Es war so schön, jemanden zu finden, der genauso tickt wie ich.

Phoebe Wer Kirsten trifft, leidet schnell an einem Phänomen, das ich »den Kirsten-Effekt« nenne. Sie ist in fast allem gut, aber wenn es um Styling geht, dann hebt sie die Dinge auf eine ganz neue Ebene. Ich habe so viel von ihr gelernt, und wir fordern uns ständig gegenseitig heraus, uns zu verbessern. Die Tatsache, dass sie auch ziemlich gut mit der Kamera umgehen kann, ist ein schöner Bonus. Mein Vorschlag kam per SMS und klang etwa so: »Hi, was würdest du davon halten, die Fotos für ein Kochbuch zu machen?«, und sie schrieb sofort zurück: »Ja.« Von Anfang an war Kirsten meine ständige Motivation, dieses Projekt so gut wie nur möglich umzusetzen.

Kirsten Es war ein ziemlich einfaches Vorhaben: Traumversion des Buches entwickeln, Requisiten zusammensuchen, Hintergründe auswählen und ein Grafikkonzept finden, das unsere Persönlichkeiten widerspiegelt.

Beide In diesem Buch geht es ums Experimentieren, Wertschätzen und Genießen. Egal wie oft man eine Pie zubereitet, das Ergebnis ist jedes Mal ein anderes. Mal steht die Füllung im Vordergrund, mal ist der Teig besonders mürbe gelungen. Wir wünschen uns, dass unsere Leser beim Backen Vorfreude empfinden und sicher sein können, dass das Ergebnis nie schlecht sein wird, höchstens anders. In diesem Buch geht es nicht um französische Patisserie oder feine Desserts, sondern um gute Rezepte für den Hausgebrauch, mit denen man Freunde und Familie vom Hocker hauen wird. Dieses Buch ist unser Herzensprojekt. Unsere Freunde und die Familie waren unsere Verkoster, unsere Kritiker und unsere Unterstützer und wir ernteten meistens bewundernde und begeisterte Blicke.

Grundrezept Mürbeteig für 900 g

500 g Mehl
55 g Zucker
½ TL feines Meersalz
300 g kalte Butter, in Würfel geschnitten
2 EL Apfelessig, unter 125 ml kaltes Wasser
mit 4 Eiswürfeln gerührt

Für den Mürbeteig Mehl, Zucker und Salz in einer Schüssel mischen. Die gewürfelte Butter zugeben und mit der Teigkarte in die Mehlmischung einarbeiten. Dabei darauf achten, dass größere Butterstückchen erhalten bleiben, damit der Teig besonders locker-flockig wird. Das Essigwasser in drei Etappen zufügen und mit den Händen untermischen, bis die Zutaten zu einem groben Teig zusammenkommen. Den Teig zu einer Scheibe formen, in Frischhaltefolie wickeln und im Kühlschrank 3 Stunden ruhen lassen.

Für einen VANILLEMÜRBETEIG das **Mark einer Vanilleschote** zum Teig hinzufügen. Für 650 g SCHOKOLADENMÜRBETEIG **300 g Mehl, 60 g Kakao, 55 g Zucker, ½ TL feines Meersalz, 150 g kalte Butter, in Würfel geschnitten, 1 EL Apfelessig, unter 100 ml kaltes Wasser mit 3 Eiswürfeln gerührt** verwenden und den Anweisungen für das Grundrezept folgen.

EINFÜHRUNG

heiß

Pie mit Rhabarber, Erdbeeren und Thymian

Meine Mutter machte früher immer einen Erdbeer-Spinat-Salat mit Balsamico-Essig. Super retro, aber ich fand ihn wunderbar! Der süße Saft der Sommererdbeeren ergab zusammen mit dem Balsamico-Essig ein schön säuerliches Salatdressing. Das war wirklich Kitsch, trotzdem fand ich es großartig, wenn dieser Salat bei Barbecues im Sommer auf den Tisch kam. Die Kombination aus Erdbeeren und Balsamico-Essig funktioniert ebenso gut in dieser Pie, vor allem wenn der beste Freund der Erdbeeren hinzukommt: Rhabarber. — Kirsten

Für 8 Stücke

1 Portion Mürbeteig (s. S. 7), halbiert und jeweils 3 mm dünn ausgerollt

1 kg Rhabarber, geputzt und in 5 cm lange Stücke geschnitten

Mark von 1 Vanilleschote

220 g Zucker

3 Zweige Thymian

2 TL Speisestärke

500 g Erdbeeren, Stielansatz entfernt, halbiert

2 EL Balsamico-Essig

1 Ei, leicht verquirlt

1 EL Demerarazucker, zum Bestreuen

Den Backofen auf 180 °C vorheizen. Eine Pie-Form (Ø 20 cm) mit einer Lage Mürbeteig auslegen, sodass am Rand etwa 1 cm Teig überhängt. Mit Backpapier abdecken und mit getrockneten Hülsenfrüchten füllen. Im Ofen 15 Minuten backen, bis der Teig trocken und hellgolden ist. Hülsenfrüchte und Backpapier entfernen. Den blindgebackenen Teig abkühlen lassen. Die zweite Lage Mürbeteig in 4 cm breite Streifen schneiden. Im Kühlschrank ruhen lassen.

Rhabarber, Vanillemark, Zucker und Thymian mit 60 ml Wasser in einer tiefen Pfanne unter Rühren erhitzen, bis der Zucker sich aufgelöst hat. Abgedeckt bei schwacher Hitze 8 Minuten sanft köcheln lassen, bis der Rhabarber fast weich ist. Mit der Schaumkelle aus der Pfanne heben und in einem Sieb gut abtropfen lassen. Den Thymian entfernen. Die Speisestärke mit dem Schneebesen unter den Rhabarbersaft in der Pfanne rühren. Unter gelegentlichem Rühren aufköcheln und etwas andicken, dann 10 Minuten abkühlen lassen.

Rhabarber, Erdbeeren und Essig vorsichtig unter den Sirup mischen. Die abgekühlte Füllung auf dem blindgebackenen Pie-Boden verteilen.

Aus den Teigstreifen ein Gitter flechten (s. S. 150) und es über die Füllung legen. Überstehenden Teig entfernen und die Ränder zusammendrücken. Das Gitter mit dem Ei bestreichen und mit dem Zucker bestreuen. Im Ofen in 55 Minuten goldbraun backen. Vor dem Servieren 30 Minuten ruhen lassen.

Versunkener Birnenkuchen mit Dinkel-Zimt-Boden

Dieses Rezept sollte das Leben meines Stiefvaters verändern: Glenny – wir nennen uns gegenseitig auch »Steppy« – ist der Mann meiner Mutter Debs, einer tollen Frau. Allerdings ist sie Gesundheitsfanatikerin und isst als Dessert höchstens mal pürierte Avocado. Wenn es um Desserts geht, muss sich also jemand um Steppy kümmern. Nachdem wir diesen Kuchen für das Buch fotografiert hatten, schmuggelte ich ihn bei einem Familienabendessen ein, damit Steppy an diesem Abend ein kleines Stück essen und den Rest verstecken konnte, um auch den Rest der Woche etwas zum Naschen zu haben. Allerdings bekam die erweiterte Familie Wind von Steppys »speziellem« Dessert, und was er übrig hatte, reichte kaum für den nächsten Tag. – Kirsten

Für 12 Stücke. Ergibt 2 Kuchen à 23 cm x 12 cm

3 feste, knackige Birnen, z. B. Sorte Alexander, geschält

250 g Muscovadozucker

250 ml Ahornsirup

Sahne oder Crème fraîche, zum Servieren

Dinkelmürbeteig

400 g Dinkelmehl

2 TL gemahlener Zimt

115 g Zucker

½ TL feines Meersalz

250 g kalte Butter, in Würfel geschnitten

2 EL Apfelessig, unter 125 ml kaltes Wasser mit 4 Eiswürfeln gerührt

Puddingmasse mit gebräunter Butter

120 g Butter

Mark von 1 Vanilleschote

2 Eier

110 g Zucker

50 g Mehl

Für den Dinkelmürbeteig Mehl, Zimt, Zucker und Salz in einer Schüssel mischen. Die gewürfelte Butter zugeben und mit der Teigkarte grob in die Mehlmischung einarbeiten. Das Essigwasser in drei Etappen zufügen und mit den Händen untermischen, bis die Zutaten zu einem groben Teig zusammenkommen. Den Teig halbieren, zu Scheiben formen, in Frischhaltefolie wickeln und im Kühlschrank mindestens 3 Stunden ruhen lassen.

Den gekühlten Teig nacheinander auf der leicht bemehlten Arbeitsfläche zu Rechtecken ausrollen (32 cm x 17 cm). Mit diesen Teigplatten zwei 23 cm x 10 cm große Kastenformen auslegen. Den Teig am Rand ein klein wenig überstehen lassen, aber sauber abschneiden. Etwa 1 Stunde kalt stellen.

Für die Birnenfüllung die Birnen zusammen mit Zucker, Sirup und 1,25 l Wasser in einen Topf geben, mit einer Cartouche (Kreis aus Backpapier) abdecken und sanft zum Köcheln bringen. Die Temperatur auf schwache Hitze reduzieren und vorsichtig köcheln lassen, bis ein dunkler Sirup entstanden ist und die Birnen weich sind. Die Birnen im Sirup abkühlen lassen und dann beiseitestellen. In einem kleinen Topf 250 ml des Sirups bei starker Hitze 15 Minuten köcheln lassen, bis er angedickt ist. Abkühlen lassen.

Den Backofen auf 200 °C vorheizen. Den Dinkelteig in den beiden Kastenformen mit Backpapier und getrockneten Hülsenfrüchten bedecken. Im Ofen 15 Minuten blindbacken, bis die Ränder des Teiges gerade eben trocken sind. Hülsenfrüchte und Backpapier entfernen und die Böden weitere 5 Minuten backen, bis sie auch am Boden trocken sind. Vollständig abkühlen lassen. Die Ofentemperatur auf 160 °C reduzieren.

Für die Puddingmasse die Butter in einem Topf bei mittlerer Hitze zerlassen und etwa 6 Minuten erwärmen, bis sie haselnussbraun ist. Das Vanillemark untermischen und den Topf vom Herd nehmen. In einer Schüssel Eier und Zucker mit dem Schneebesen glatt rühren und die gebräunte Butter allmählich untermischen. Das Mehl vollständig unterrühren. Die glatte Masse auf den beiden abgekühlten vorgebackenen Böden verteilen.

Die Birnen in dicke Scheiben schneiden und auf der Puddingmasse in den beiden Kastenformen verteilen. Im Ofen 20 Minuten backen, bis die Puddingmasse gestockt ist. Aus dem Ofen nehmen und auf Raumtemperatur abkühlen lassen. Zum Servieren mit dem angedickten Birnensirup beträufeln und geschlagene Sahne oder Crème fraîche dazu reichen.

Heidelbeer-Lavendel-Tarte mit Haselnussteigboden

Wenn mich niemand davon abhielte, würde ich versuchen, in den meisten Desserts Lavendel unterzubringen (zum Glück ist Phoebe hier, um das zu verhindern). Lavendel gehört nicht zu den alltäglichen »Kräutern«, und wenn man sich bei der Verwendung nicht zurückhält, dann schmeckt das Ergebnis nach einem Potpourri-Säckchen. Glücklicherweise haben wir uns bei diesem Dessert zurückgehalten und die Kombination von Heidelbeeren, Lavendel und den erdigen Aromen des Haselnussmürbeteigs ist genau richtig. Achten Sie darauf, essbaren Lavendel zu verwenden. – Kirsten

Für 8 Stücke

500 g Heidelbeeren (frisch oder TK)

170 g Zucker

1 EL Speisestärke

1 TL getrocknete essbare Lavendelblüten, zerbröckelt

Mark von 2 Vanilleschoten

Haselnussmürbeteig

250 g Haselnusskerne, fein gemahlen

100 g glutenfreies Mehl (z. B. Buchweizen)

75 g Zucker

1 Ei, mit 1 EL Wasser leicht verquirlt

Den Backofen auf 200 °C vorheizen. Für den Haselnussmürbeteig alle Zutaten in einer Schüssel vermengen, bis eine dicke Masse entstanden ist, und diese gleichmäßig in einer Tarteform (Ø 21 cm) verteilen und an Boden und Seiten andrücken. Im Ofen 10 Minuten backen, bis der Teig trocken ist. Beiseitestellen und abkühlen lassen.

Heidelbeeren und Zucker in einem Topf unter Rühren 10 Minuten stark erhitzen. Vom Herd nehmen und in einer kleinen Schüssel die Speisestärke unter 4 EL des Heidelbeerkompotts mischen. Diese angedickte Masse mit Lavendel und Vanillemark unter den Rest des Heidelbeerkompotts rühren. Bei schwacher Hitze etwa 5 Minuten köcheln lassen, bis das Kompott angedickt ist. Leicht abkühlen lassen und dann auf den vorgebackenen Tarteboden gießen. Im Ofen 30 Minuten backen, bis die Füllung Blasen wirft und noch stärker angedickt ist. Vor dem Servieren 30 Minuten ruhen lassen.

Honig-Mascarpone-Galette mit Weintrauben

Hier eines meiner Lieblingsrezepte dieses Buches. Die Weintrauben sind kleine, frische Überraschungen in der weichen Mascarpone-Honig-Masse. Die Galette schmeckt warm direkt aus dem Ofen, aber auch abgekühlt, wenn die Masse etwas fester ist. Als wir mit dem Shooting fertig waren, gestand Kirsten mir, dass sie Desserts mit gegarten Trauben nicht mag. Zum Glück hat sie ihre Meinung geändert, soviel ich weiß. – Phoebe

Für 8 Stücke

750 g Mascarpone

115 g Honig

30 g Speisestärke

Mark von ½ Vanilleschote

300 g kernlose rote Trauben

2 EL Zucker

<u>Mürbeteig</u>

200 g Mehl

55 g Zucker

¼ TL feines Meersalz

125 g kalte Butter, in Würfel geschnitten

2 TL Apfelessig, unter 80 ml Wasser mit 4 Eiswürfeln gerührt

Für den Mürbeteig Mehl, Zucker und Salz in einer Schüssel mischen. Die gewürfelte Butter zugeben und mit der Teigkarte in die Mehlmischung einarbeiten. Dabei darauf achten, dass größere Butterstückchen erhalten bleiben, damit der Teig besonders locker-flockig wird. Das Essigwasser in drei Etappen zufügen und mit den Händen untermischen, bis die Zutaten zu einem groben Teig zusammenkommen. Den Teig zu einer Scheibe formen, in Frischhaltefolie wickeln und im Kühlschrank 3 Stunden ruhen lassen. Den gekühlten Teig auf der leicht bemehlten Arbeitsfläche zu einem 3 mm dicken Kreis ausrollen. Eine 5 cm tiefe, ofenfeste Pfanne (ø 24 cm) damit auslegen und den Teig 30 Minuten kühl stellen.

Den Backofen auf 200 °C vorheizen. Mascarpone, Honig und Speisestärke in einem Topf unter ständigem Rühren 5 Minuten leicht erhitzen, bis eine glatte Masse entstanden ist. Auf Raumtemperatur abkühlen lassen und das Vanillemark unterrühren. Die Trauben im Zucker schwenken.

Die Mascarponemasse auf den Teigboden gießen und den Rand 1–2 cm nach innen über die Füllung falten. Im Ofen etwa 15 Minuten backen, bis die Masse zu stocken beginnt. Die gezuckerten Trauben auf der Oberfläche verteilen. Zurück in den Ofen schieben und in 30 Minuten goldbraun backen. Vor dem Servieren etwa 30 Minuten ruhen lassen, um die Galette mit weicher Füllung zu genießen, oder vollständig abkühlen lassen für eine etwas festere Füllung.

Pfirsichauflauf mit weißer Schokolade

Pfirsiche schmecken für mich nach Kindheit und erinnern mich an die Sommer, die ich mit meinen Schwestern Grace und Ali auf der Steinobstwiese meiner Eltern in Barry verbrachte. Wir pflückten die reifen Früchte direkt vom Baum und aßen sie sofort, sodass uns der Saft die Arme herunterlief. – Phoebe

Für 18 Stücke

2,5 kg Pfirsiche, entsteint, geschält und in Würfel geschnitten

300 g Zucker

2 Vanilleschoten, längs aufgeschnitten und das Mark herausgeschabt

60 ml Bourbon-Whiskey

200 g weiße Schokolade, gehackt

3 TL Speisestärke

1 Ei, verquirlt

2 EL Demerarazucker, zum Bestreuen

Mürbeteig

400 g Mehl

55 g Zucker

½ TL feines Meersalz

250 g kalte Butter, in 2 cm große Würfel geschnitten

2 EL Apfelessig, unter 125 ml kaltes Wasser mit 4 Eiswürfeln gerührt

Den Mürbeteig nach dem Rezept auf S. 7 zubereiten. Den Teig in zwei Stücke teilen, von denen das eine doppelt so groß ist wie das andere. Daraus zwei Scheiben formen, in Frischhaltefolie wickeln und im Kühlschrank 3 Stunden ruhen lassen.

Pfirsiche, Zucker, Vanillemark und -schoten in einem großen Topf unter häufigem Rühren 80 Minuten sanft erhitzen, bis eine Art dickes Kompott entstanden ist. Vom Herd nehmen, den Whiskey untermischen und abkühlen lassen. Die Vanilleschoten entfernen, dann Schokolade und Speisestärke unterheben.

Das größere Stück Teig auf der leicht bemehlten Arbeitsfläche 3 mm dünn ausrollen und eine rechteckige Auflaufform à 40 cm x 30 cm x 7 cm damit auslegen. Das kleinere Stück Teig 40 cm x 30 cm groß ausrollen und auf ein mit Backpapier ausgelegtes Backblech legen. In diese Teigplatte in regelmäßigen Abständen kleine Kreuze schneiden. Beides im Kühlschrank 30 Minuten ruhen lassen.

Den Backofen auf 200 °C vorheizen. Die Pfirsichfüllung auf dem Teigboden in der Auflaufform verteilen, die Teigplatte darauflegen und die Ränder des Teigbodens in der Form zum Versiegeln über die Teigplatte nach innen falten. Die Oberfläche leicht mit dem verquirlten Ei bestreichen und mit dem Demerarazucker bestreuen. Im Ofen 20 Minuten backen, dann die Temperatur auf 180 °C reduzieren und die Pie weitere 40 Minuten backen, bis der Teig goldbraun ist. Vor dem Servieren 30 Minuten ruhen lassen.

Schokoladen-Pekannuss-Pies mit Golden Syrup

Ich wuchs an den Stränden von Sydney auf, und meine beiden großen Leidenschaften waren Surfen und Essen. Als ich sieben Jahre alt war, trat ich dem Wanda Surf Club bei und nahm an Wettkämpfen teil, bis ich 22 war. Jedes Sommerwochenende verbrachte ich am Strand und im Wasser. Wenn wir den Strand nach einem mit Surfen verbrachten Tag verließen, drehte sich alles darum, was ich essen würde. Eines Tages, ich war etwa elf Jahre alt, brachte mein Trainer Jeff »Charlie« Brown meine beiden Leidenschaften zusammen. Er wusste genau, dass ich vor dem anstehenden Rennen unheimlich nervös war, und machte etwas, was mich vollkommen ablenkte. Er sagte: »Wenn du heute gewinnst, kaufe ich dir eine komplette Pecannuss-Pie und du musst niemandem etwas davon abgeben.« Ich war so darauf aus zu gewinnen (die Pie, nicht den Wettkampf), dass ich alles gab ... und die Pie gewann. Bis heute könnte ich eine komplette Pecannuss-Pie essen, wenn man mir eine vorsetzt, und es fiel mir sehr schwer, dieser Version mit Golden Syrup und Schokolade zu widerstehen. – Kirsten

Für 12 Stücke
Ergibt 2 Pies (ø 20 cm)

1 Portion Schokoladenmürbeteig (s. S. 7), halbiert und je 3 mm dünn ausgerollt

250 g feiner brauner Zucker

350 g Golden Syrup (heller Zuckerrohrsirup)

80 g Butter

Mark von 1 Vanilleschote

80 g Sahne

1 TL gemahlener Piment

3 Eier

350 g geröstete Pekannusskerne, gehackt

100 g Zartbitterschokolade, gehackt

Den Backofen auf 180 °C vorheizen. Zwei tiefe Pie-Formen (ø 20 cm) mit dem ausgerollten Schokoladenmürbeteig auslegen und die Ränder sauber abschneiden. Den Teig jeweils mit Backpapier und getrockneten Hülsenfrüchten abdecken. Im Ofen 15 Minuten blindbacken, bis der Teig sich trocken anfühlt. Hülsenfrüchte und Backpapier entfernen und den blindgebackenen Teig abkühlen lassen. Die Ofentemperatur auf 160 °C reduzieren.

Zucker, Golden Syrup, Butter, Vanillemark, Sahne und Piment in einem Topf unter Rühren etwa 4 Minuten leicht erhitzen, bis der Zucker sich aufgelöst hat. Vom Herd nehmen und die Eier nacheinander mit dem Schneebesen vollständig untermischen. Abkühlen lassen, dann Pekannusskerne und Schokolade unterheben.

Die Masse gleichmäßig auf den beiden vorgebackenen Teigböden verteilen. In den Ofen schieben und 35 Minuten backen, bis die Masse am Rand leicht gestockt ist, in der Mitte aber noch wackelt, wenn man leicht an den Formen rüttelt. Vor dem Servieren auf Raumtemperatur abkühlen lassen.

Gedeckter Rhabarberkuchen mit Rosenwasser

Rhabarber ist das ultimative Kuchenobst (obwohl es sich streng genommen um Gemüse handelt), denn er passt zu Zitrusfrüchten, Beeren, Vanillepudding und Sahne, außerdem schmeckt er heiß und kalt. Egal was man damit macht – es funktioniert fast immer. Ich liebe den säuerlich-herben Geschmack und die wunderbare Textur von gekochtem Rhabarber. In diesem Rezept trägt der buttrige Dinkelteig noch erdige Aromen bei. Und ich bin ziemlich gut darin, mich selbst davon zu überzeugen, dass der Kuchen wegen des Dinkels beinahe gesund ist. Beinahe. – Phoebe

Für 8 Stücke

1 kg Rhabarber, geputzt und in Stücke geschnitten

220 g Zucker

1 EL Rosenwasser

1½ EL Speisestärke

1 Ei, leicht verquirlt

1 EL Demerarazucker

Dinkelmürbeteig

375 g Dinkelmehl

55 g Zucker

½ TL feines Meersalz

250 g kalte Butter, in 2 cm große Würfel geschnitten

2 EL Apfelessig, unter 125 ml kaltes Wasser mit 4 Eiswürfeln gerührt

Den Dinkelmürbeteig nach dem Rezept auf S. 7 zubereiten. Den Teig halbieren, zu Scheiben formen, in Frischhaltefolie wickeln und im Kühlschrank 3 Stunden ruhen lassen.

Rhabarber und Zucker in einem Topf mit 2 EL Wasser unter Rühren 15 Minuten köcheln lassen, bis die Mischung angedickt ist wie Konfitüre. Vom Herd nehmen, Rosenwasser und Speisestärke unterrühren und vollständig abkühlen lassen.

Die beiden gekühlten Teigstücke nacheinander auf der leicht bemehlten Arbeitsfläche zu einem 3 mm dünnen Kreis ausrollen. Mit der einen Teigplatte eine Kuchenform (ø 24 cm) auslegen. Die andere Teigplatte auf ein mit Backpapier ausgelegtes Backblech legen. Beides im Kühlschrank 30 Minuten ruhen lassen.

Den Backofen auf 180 °C vorheizen. Die abgekühlte Rhabarbermasse in die mit Teig ausgelegte Form füllen. Aus der Teigplatte auf dem Backblech mit einem runden Ausstecher (ø 1,5 cm) sieben Kreise ausstechen. Die Teigplatte über die Füllung legen, überschüssigen Teig an den Seiten abschneiden und die Teigränder von Boden und Deckel zum Versiegeln zusammendrücken. Die Oberfläche mit dem verquirlten Ei bestreichen und mit dem Demerarazucker bestreuen. Im Ofen 55 Minuten backen, bis die Oberfläche goldbraun ist und die Füllung Blasen wirft. Vor dem Servieren 30 Minuten ruhen lassen.

Heidelbeer-Birnen-Pie mit Zitrone

Unser Sommerurlaub zu Weihnachten vergangenes Jahr bestand aus langen, heißen Tagen am Mollymook Beach an der Südküste von New South Wales. Surfen, schwimmen, essen und schlafen. Dieses tägliche Programm wurde nur von einem grauen, verhangenen Tag unterbrochen, an dem wir beschlossen, eine Farm etwas weiter unten an der Küste zu besuchen, die auf den Anbau von Beeren spezialisiert ist. Nach einer leicht abenteuerlichen Fahrt über unbefestigte Straßen (in einem nicht dafür geeigneten Auto) erreichten wir eine versteckte Oase im scheinbaren Niemandsland. Wir ernteten so viele Eimer Heidelbeeren, dass sie über die Feiertage für ein paar Familien gereicht hätten. Nachdem wir unser eigenes Körpergewicht in Heidelbeeren gegessen hatten, entschieden wir uns, den Rest einzufrieren, um sie im Laufe des Jahres verarbeiten zu können. Ich bin richtig stolz, sagen zu können, dass die Heidelbeer-Birnen-Pie mit Teiggitter, die Sie auf der Abbildung sehen können, komplett mit diesen im Sommer gepflückten Beeren zubereitet wurde. – Kirsten

Für 8 Stücke

1 kg Heidelbeeren (frisch oder TK)

3 feste, knackige Birnen, z. B. Sorte Alexander, geschält, entkernt und in 2 cm große Stücke geschnitten

220 g Zucker

Mark von 1 Vanilleschote

abgeriebene Schale von 1 Bio-Zitrone

3 TL Speisestärke

1 Ei, mit 1 EL Wasser leicht verquirlt

1 EL Demerarazucker

Mürbeteig

375 g Mehl

55 g Zucker

½ TL feines Meersalz

250 g kalte Butter, in 2 cm große Würfel geschnitten

2 EL Apfelessig, unter 125 ml kaltes Wasser mit 4 Eiswürfeln gerührt

Für den Mürbeteig Mehl, Zucker und Salz in einer Schüssel mischen. Die gewürfelte Butter zugeben und mit der Teigkarte in die Mehlmischung einarbeiten. Dabei darauf achten, dass größere Butterstückchen erhalten bleiben, damit der Teig besonders locker-flockig wird. Das Essigwasser in drei Etappen zufügen und mit den Händen untermischen, bis die Zutaten zu einem groben Teig zusammenkommen. Den Teig halbieren, zu Scheiben formen, in Frischhaltefolie wickeln und im Kühlschrank 3 Stunden ruhen lassen.

Den gekühlten Teig nacheinander auf der leicht bemehlten Arbeitsfläche zu einem 3 mm dünnen Kreis ausrollen. Mit der ersten Teigplatte eine 4 cm tiefe Pie-Form (ø 23 cm) auslegen, sodass am Rand etwa 2 cm Teig überstehen. Die zweite ausgerollte Teigplatte in acht 3 cm breite Streifen schneiden. Beides im Kühlschrank 1 Stunde ruhen lassen.

Inzwischen die Füllung zubereiten. Heidelbeeren, Birnen, Zucker, Vanillemark und Zitronenschale in einem großen Topf mischen und bei mittlerer Hitze leicht zum Kochen bringen. Unter gelegentlichem Rühren 25 Minuten leicht köcheln lassen, bis die Flüssigkeit angedickt ist. In einer kleinen Schüssel die Speisestärke mit 3 EL der Heidelbeerflüssigkeit mischen und mit dem Schneebesen glatt rühren. Diese Mischung unter die anderen Zutaten im Topf mischen und weitere 5 Minuten leicht köcheln lassen, bis die Masse angedickt ist. Vom Herd nehmen und vollständig abkühlen lassen.

Den Backofen auf 200 °C vorheizen. Die mit dem Teig ausgelegte Pie-Form auf ein Backblech stellen und die Heidelbeermischung hineinfüllen. Aus den gekühlten Mürbeteigstreifen ein Gitter flechten (s. S. 150), über die Füllung legen und an den Seiten andrücken. Überstehenden Teig der Streifen gegebenenfalls abschneiden und den überstehenden Teig vom Boden zum Versiegeln nach innen über den Rand der Streifen falten. Die Oberfläche mit dem verquirlten Ei bestreichen und den Demerarazucker darüberstreuen. Im Ofen 20 Minuten backen, bis der Teig eine hellbraune Farbe angenommen hat. Die Ofentemperatur auf 180 °C reduzieren und die Pie weitere 40 Minuten backen, bis der Teig goldbraun und knusprig ist und die Füllung Blasen wirft. Vor dem Servieren 30 Minuten ruhen lassen.

Gewürzapfel-Tarte mit Golden Syrup

Diese Tarte erinnert mich an richtig guten britischen Pudding – einen hervorragenden, wie man ihn bei einem ordentlichen Mittagessen im Pub bekommt. Die Äpfel werden leicht gewürzt und die Butterkaramellaromen des Golden Syrup sorgen dafür, dass die Füllung reichhaltig und süß ist. Darauf kommen noch knusprig-buttrige Brotstreusel. Das Ergebnis kann man sich wie einen knusprigen Brotpudding vorstellen. – Kirsten

Für 8 Stücke

150 g Butter

1,5 kg Äpfel, geschält, entkernt und grob gehackt

110 g Zucker

250 g Golden Syrup (heller Zuckerrohrsirup)

½ TL gemahlene Kardamomsamen

1 ½ TL gemahlener Piment

300 g Sahne

Mark von ½ Vanilleschote

1 Weißbrot, Kruste entfernt, in 1 cm und 2 cm große Stücke gezupft (550 g Streusel)

100 g Pekannusskerne, gehackt

½ TL feines Meersalz

Vanilleeiscreme, zum Servieren

Mürbeteig

200 g Mehl

55 g Zucker

¼ TL feines Meersalz

125 g kalte Butter, in Würfel geschnitten

2 TL Apfelessig, unter 80 ml kaltes Wasser mit 4 Eiswürfeln gerührt

Für den Mürbeteig Mehl, Zucker und Salz in einer Schüssel mischen. Die gewürfelte Butter zugeben und mit der Teigkarte in die Mehlmischung einarbeiten. Dabei darauf achten, dass größere Butterstückchen erhalten bleiben, damit der Teig besonders locker-flockig wird. Das Essigwasser in drei Etappen zufügen und mit den Händen untermischen, bis die Zutaten zu einem groben Teig zusammenkommen. Den Teig zu einer Scheibe formen, in Frischhaltefolie wickeln und im Kühlschrank 3 Stunden ruhen lassen.

Den Teig auf der leicht bemehlten Arbeitsfläche zu einem 3 mm dünnen Kreis ausrollen. Eine ofenfeste gusseiserne Pfanne oder eine Tarteform (ø 22 cm) mit dem Teig auslegen. Im Kühlschrank 1 Stunde ruhen lassen.

Inzwischen die Füllung zubereiten. In einem großen Topf 50 g Butter bei mittlerer Hitze zerlassen. Äpfel, Zucker, Golden Syrup, Kardamom und Piment untermischen und 15 Minuten köcheln lassen, bis die Äpfel weich sind. Vom Herd nehmen, Sahne und Vanillemark unterrühren und vollständig abkühlen lassen.

Die übrige Butter zerlassen und in einer Schüssel mit der Hälfte der Brotstreusel, Pekannusskernen und Salz vermengen. Die restlichen Brotstreusel unter die Apfelfüllung mischen. Den Backofen auf 180 °C vorheizen. Die Apfelfüllung auf dem Teigboden verteilen und mit den nussigen Brotstreuseln bedecken. Im Ofen 45 Minuten backen, bis Teig und Streusel eine schöne goldene Farbe haben. Aus dem Ofen nehmen und vor dem Servieren 30 Minuten ruhen lassen. Dazu die Eiscreme reichen.

Brombeer-Ingwer-Pie

Im englischen Glastonbury verbrachte ich einen wunderbaren Nachmittag mit Khira, einer guten Freundin aus Kindheitstagen. Wir passten auf ihre kleinen Cousinen auf und pflückten für eine Pie Brombeeren frisch vom Strauch. Ich hatte noch nie so süße und reife Brombeeren gekostet, und es machte großen Spaß zu beobachten, wie die Mädchen mit von den Beeren blau gefärbten Händen und Lippen und vor Freude leuchtenden Gesichtern immer mehr naschten. – Phoebe

Für 6 Stücke

500 g Brombeeren (frisch oder TK)

110 g Zucker

160 g Kirsch- oder Himbeerkonfitüre

25 g kandierter Ingwer, gehackt

2 TL Speisestärke

1 Ei, mit 1 EL Wasser leicht verquirlt

1 EL Demerarazucker

geschlagene Sahne, zum Servieren

<u>Mürbeteig</u>

200 g Mehl

55 g Zucker

¼ TL feines Meersalz

125 g kalte Butter, in 2 cm große Würfel geschnitten

2 TL Apfelessig, unter 80 ml kaltes Wasser mit 4 Eiswürfeln gerührt

Hinweis: Wenn Sie keine Pie-Form mit 17 cm ø finden, bereiten Sie einfach die 1½-fache Menge Teig zu und backen Sie die Pie in einer Form mit 22 cm ø.

Den Mürbeteig nach dem Rezept auf S. 7 zubereiten. Den Teig zu einer Scheibe formen, in Frischhaltefolie wickeln und im Kühlschrank 3 Stunden ruhen lassen.

Ein Drittel des Teiges auf der leicht bemehlten Arbeitsfläche zu einem Rechteck ausrollen (20 cm × 15 cm × 3 mm). In 15 Streifen à 8 mm × 20 cm schneiden, auf ein Backblech legen und mit Frischhaltefolie abdecken. Den restlichen Teig zu einem 3 mm dünnen Kreis ausrollen und eine 3 cm tiefe Pie-Form (ø 17 cm) damit auslegen. Beides 30 Minuten im Kühlschrank ruhen lassen.

Brombeeren, Zucker, Konfitüre und Ingwer in einem Topf 15 Minuten köcheln lassen. Die Speisestärke in einer kleinen Schüssel unter 3 EL der sirupartigen Flüssigkeit rühren. Diese Mischung unter die restlichen Zutaten im Topf rühren und weitere 4 Minuten köcheln lassen, bis die Masse angedickt ist. Vom Herd nehmen und vollständig abkühlen lassen.

Die Füllung in der mit Teig ausgelegten Form verteilen. Aus den gekühlten Mürbeteigstreifen ein Gitter flechten (s. S. 150) und es über die Füllung legen. Die Ränder zum Versiegeln andrücken und überstehenden Teig sauber abschneiden. Die Pie 1 Stunde einfrieren.

Den Backofen auf 200 °C vorheizen. Das Teiggitter mit dem verquirlten Ei bestreichen und mit dem Demerarazucker bestreuen. Im Ofen in 30 Minuten hellgolden backen. Die Ofentemperatur auf 180 °C reduzieren und in weiteren 30 Minuten goldbraun backen. Vor dem Servieren 30 Minuten ruhen lassen. Dazu geschlagene Sahne reichen.

Kürbis-Tarte mit karamellisierten Kürbiskernen

Zurzeit bin ich davon besessen, Gemüse in Desserts zu verarbeiten. Ich liebe die erdigen Aromen und interessanten Texturen, die Kuchen, Tartes, Eiscreme und Pies dadurch bekommen. Kürbis ist mit seinen süßen Aromen in diesem Klassiker allerdings nichts Außergewöhnliches und passt perfekt zu den aromatischen Gewürzen. Die säuerlich-frische Creme bildet einen tollen Ausgleich dazu. – Phoebe

Für 6 Stücke

600 g Butternusskürbis, geschält, in 2 cm große Stücke geschnitten

375 g saure Sahne (18 % Fett) oder 375 g Schmand

3 Eier

150 g Demerarazucker

100 g Zucker

Mark von 1 Vanilleschote

1 ½ TL gemahlener Ingwer

½ TL gemahlener Piment

½ TL gemahlene Kurkuma

¼ TL gemahlene Muskatnuss

2 EL Kürbiskerne

1 EL Ahornsirup

125 g Sahne

Mürbeteig

200 g Mehl

55 g Zucker

¼ TL Meersalz

125 g kalte Butter, in 2 cm große Würfel geschnitten

2 TL Apfelessig, unter 80 ml kaltes Wasser mit 4 Eiswürfeln gerührt

HEISS

Für den Mürbeteig Mehl, Zucker und Salz in einer Schüssel mischen. Die gewürfelte Butter zugeben und mit der Teigkarte in die Mehlmischung einarbeiten. Dabei darauf achten, dass größere Butterstückchen erhalten bleiben, damit der Teig besonders locker-flockig wird. Das Essigwasser in drei Etappen zufügen und mit den Händen untermischen, bis die Zutaten zu einem groben Teig zusammenkommen. Den Teig zu einer Scheibe formen, in Frischhaltefolie wickeln und im Kühlschrank 3 Stunden ruhen lassen.

Den Teig auf der leicht bemehlten Arbeitsfläche zu einem 3 mm dünnen Kreis ausrollen und eine 8 cm tiefe, gerippte Tarteform (ø 15 cm) damit auslegen. Im Kühlschrank 1 Stunde ruhen lassen.

Den Backofen auf 200 °C vorheizen. Den Teig in der Form mit einer Lage Backpapier und getrockneten Hülsenfrüchten abdecken. Im Ofen 20 Minuten blindbacken, bis der Teig hellgolden ist. Hülsenfrüchte und Backpapier entfernen und den Teig weitere 5 Minuten backen, bis er sich trocken anfühlt. Beiseitestellen und leicht abkühlen lassen. Die Ofentemperatur auf 140 °C reduzieren.

Den Kürbis in einem Dampfgareinsatz über einem Topf mit siedendem Wasser 20 Minuten garen. Alternativ in eine mikrowellengeeignete Schüssel füllen, mit Frischhaltefolie abdecken und in der Mikrowelle auf hoher Stufe 9 Minuten sehr weich garen. In einem Sieb vollständig abtropfen und abkühlen lassen. Den abgekühlten Kürbis im Mixer fein pürieren. Dann 250 g saure Sahne, Eier, beide Zucker, Vanillemark und Gewürze zufügen und erneut glatt pürieren. Die Füllung auf dem Boden verteilen und 1 Stunde backen, bis sie am Rand gestockt, in der Mitte aber noch leicht wackelig ist. Auf Raumtemperatur abkühlen lassen.

Kürbiskerne und Ahornsirup in einem Topf bei mittlerer Hitze unter Rühren 1–2 Minuten karamellisieren. Vom Herd nehmen und abkühlen lassen.

Die restliche saure Sahne (125 g) mit der Sahne mischen und locker aufschlagen. Zum Servieren diese Mischung auf die Tarte geben und mit den karamellisierten Kürbiskernen bestreuen.

Ingwer-Beeren-Pie

Ingwer hat für mich die Bedeutung, die Lavendel für Kirsten hat (s. S. 14): Ich möchte ihn einfach überall verarbeiten! Er macht sich sehr gut in Pies, da sein Aroma während des Garens intensiver wird und die Süße ausgleicht. – Phoebe

Für 8 Stücke

700 g gemischte Beeren (frisch oder TK), z. B. Cranberrys, Himbeeren und Heidelbeeren

200 g Zucker plus 2 EL Zucker

50 g kandierter Ingwer, grob gehackt

2 TL fein geriebener frischer Ingwer

1 EL Speisestärke

250 g saure Sahne (18 % Fett) oder 250 g Schmand

1 EL Mehl

2 Eier

Mürbeteig

375 g Mehl

55 g Zucker

½ TL feines Meersalz

250 g kalte Butter, in 2 cm große Würfel geschnitten

2 EL Apfelessig, unter 125 ml kaltes Wasser mit 4 Eiswürfeln gerührt

Für den Mürbeteig Mehl, Zucker und Salz in einer Schüssel mischen. Die gewürfelte Butter zugeben und mit der Teigkarte in die Mehlmischung einarbeiten. Dabei darauf achten, dass größere Butterstückchen erhalten bleiben, damit der Teig besonders locker-flockig wird. Das Essigwasser in drei Etappen zufügen und mit den Händen untermischen, bis die Zutaten zu einem groben Teig zusammenkommen. Den Teig halbieren, zu Scheiben formen, in Frischhaltefolie wickeln und im Kühlschrank 3 Stunden ruhen lassen.

Beide Teigscheiben zu einem 3 mm dünnen Kreis ausrollen. Mit der einen Teigplatte eine 3 cm tiefe Pie-Form (ø 22 cm) auslegen. Die zweite Teigplatte auf ein mit Backpapier ausgelegtes Backblech legen und in der Mitte kreuzweise einschneiden, damit beim Backen Dampf entweichen kann. Beides im Kühlschrank 30 Minuten ruhen lassen.

Den Backofen auf 180 °C vorheizen. Inzwischen Beeren, Zucker, kandierten und frischen Ingwer in einem Topf bei mittlerer bis starker Hitze unter gelegentlichem Rühren 10 Minuten köcheln und andicken lassen. Vom Herd nehmen und 4 EL der Flüssigkeit in einer kleinen Schüssel mit der Speisestärke glatt rühren. Diese Mischung unter die restlichen Zutaten im Topf rühren und 1 Minute köcheln lassen. Vollständig abkühlen lassen.

Saure Sahne, Mehl, 1 EL Zucker und 1 Ei glatt rühren. Die Beerenmischung auf dem Pie-Boden verteilen und die Saure-Sahne-Masse darübergießen. Mit der Teigplatte abdecken. Das übrige Ei mit 1 EL Wasser verquirlen, die Oberfläche damit bestreichen und den restlichen Zucker daraufstreuen. Im Ofen in 50 Minuten goldbraun backen. Vor dem Servieren 30 Minuten ruhen lassen.

Süßkartoffel-Tarte mit Ahornsirup

Kürbiskuchen ist köstlich, das streite ich nicht ab, persönlich bin ich aber Süßkartoffel-Fan. Die Zugabe von weißer Schokolade zu diesem Rezept verleiht der Tarte eine wunderbare Konsistenz, so ähnlich wie die von Butterkaramell. Ahornsirup und brauner Zucker sorgen für den Karamellgeschmack. Probieren Sie einmal etwas Neues aus und trauen Sie sich, Gemüse in Ihren Kuchen zu verarbeiten! – Phoebe

Für 8 Stücke

800 g Süßkartoffeln, geschält und in 2 cm große Stücke geschnitten

50 g kalte Butter, in Würfel geschnitten

1 Vanilleschote, längs aufgeschnitten und das Mark herausgeschabt

100 g weiße Schokolade, fein gehackt

2 Eier

125 ml Ahornsirup plus Ahornsirup zum Servieren

60 g feiner brauner Zucker

125 g saure Sahne (18 % Fett) oder 125 g Schmand

½ TL gemahlener Ingwer

Boden

350 g Ingwerkekse

80 g Butter, zerlassen und abgekühlt

Für den Boden die Kekse im Mixer zu feinen Krümeln verarbeiten. Die Butter zugeben und mit der Impulsstufe untermischen. Die Mischung auf dem Boden einer 3 cm tiefen Springform (ø 20 cm) verteilen und gleichmäßig andrücken. Im Kühlschrank ruhen lassen.

Den Backofen auf 200 °C vorheizen und ein Backblech mit Backpapier auslegen. Süßkartoffeln, Butterwürfel, Vanillemark und -schote mischen, gleichmäßig auf dem Blech verteilen und etwa 1 Stunde backen, bis die Süßkartoffeln sehr weich und schön gebräunt sind. Die Ofentemperatur auf 160 °C reduzieren.

Die Vanilleschote entsorgen und die gebackenen Süßkartoffeln in der Küchenmaschine glatt pürieren. Die Maschine weiterlaufen lassen und allmählich die Schokolade zufügen, bis sie geschmolzen und gut untergemischt ist. Die Maschine weiterlaufen lassen und Eier, Ahornsirup, Zucker, saure Sahne und Ingwer zufügen, bis eine glatte Masse entstanden ist.

Die Süßkartoffelmasse auf dem gekühlten Boden verteilen und im Ofen 45 Minuten backen, bis die Masse gestockt ist. Auf Raumtemperatur abkühlen lassen und dann im Kühlschrank 2 Stunden ruhen lassen, bis die Masse fest geworden ist. Zum Servieren aus der Springform lösen und in große Stücke schneiden. Mit Ahornsirup beträufelt servieren.

Hinweis: Anstelle der Süßkartoffeln habe ich auch einmal gebackene Möhren verwendet – das war ebenfalls ziemlich lecker!

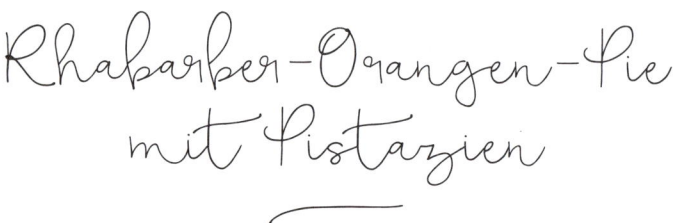
Rhabarber-Orangen-Pie mit Pistazien

Mein Partner, Simon, hält sich für einen großen Rhabarber-Connaisseur. Seine Familie in Neuseeland hat einen unglaublichen Gemüsegarten, in dem in großen Mengen wächst, was immer gerade Saison hat. Im Frühling ist das Rhabarber. Ich spüre immer einen leichten Leistungsdruck, wenn Simon eines meiner Rhabarberdesserts kostet. Von dieser Pie aß er ein ganzes Stück, ohne etwas zu sagen, um sich dann einen Nachschlag zu holen. Die Pie muss also gut sein. – Phoebe

Für 8 Stücke

700 g Rhabarber, geputzt und in 10 cm große Stücke geschnitten

220 g Zucker

abgeriebene Schale und Saft von 1 Bio-Orange

1 Ei, mit 1 EL Wasser leicht verquirlt

1 EL Demerarazucker

Pistaziensplitter, zum Servieren

Mürbeteig

375 g Mehl

55 g Zucker

½ TL feines Meersalz

250 g kalte Butter, in 2 cm große Würfel geschnitten

2 EL Apfelessig, unter 125 ml kaltes Wasser mit 4 Eiswürfeln gerührt

Frangipane

110 g weiche Butter

110 g Zucker

60 g saure Sahne (18 % Fett) oder 60 g Schmand

1 Ei plus 1 Eigelb

Mark von ½ Vanilleschote

250 g Pistazienkerne, fein gemahlen

50 g Mehl

Für den Mürbeteig Mehl, Zucker und Salz in einer Schüssel mischen. Die gewürfelte Butter zugeben und mit der Teigkarte in die Mehlmischung einarbeiten. Dabei darauf achten, dass größere Butterstückchen erhalten bleiben, damit der Teig besonders locker-flockig wird. Das Essigwasser in drei Etappen zufügen und mit den Händen untermischen, bis die Zutaten zu einem groben Teig zusammenkommen. Den Teig halbieren, zu Scheiben formen, in Frischhaltefolie wickeln und im Kühlschrank 3 Stunden ruhen lassen.

Ein Stück Teig 3 mm dünn ausrollen und eine rechteckige, 28 cm × 17 cm große Pie-Form damit auslegen, sodass der Teig an allen Seiten etwa 3 cm übersteht. Das zweite Stück Teig ebenfalls 3 mm dünn ausrollen und in sieben 5 cm breite Streifen schneiden. Beides im Kühlschrank 30 Minuten ruhen lassen.

Inzwischen Rhabarber, Zucker, Orangenschale und -saft in einem Topf mischen und unter gelegentlichem Rühren 15 Minuten köcheln lassen, bis der Rhabarber weich ist. Vom Herd nehmen und vollständig abkühlen lassen.

HEISS

Den Backofen auf 200 °C vorheizen.

Für die Frangipane Butter und Zucker mit dem Handrührgerät schaumig schlagen. Saure Sahne, Ei, Eigelb und Vanillemark vollständig untermischen. Abschließend die gemahlenen Pistazien und das Mehl unterheben. Die Pistaziencreme gleichmäßig auf dem Pie-Boden verstreichen und die Rhabarbermasse darauf verteilen.

Aus den gekühlten Mürbeteigstreifen ein Gitter flechten (s. S. 150) und es über die Füllung legen. Überstehenden Teig des Gitters abschneiden und den überstehenden Teig vom Boden nach innen falten, um die Ränder des Teiggitters zu verbergen. Mit dem verquirlten Ei bestreichen und mit dem Demerarazucker bestreuen.

Auf einem Backblech in den Ofen schieben und 50 Minuten backen, bis der Teig goldbraun ist. Vor dem Servieren 30 Minuten ruhen lassen und abschließend mit Pistaziensplittern bestreuen.

Nektarinenstrudel mit gebräunter Butter und Honig

Nektarinen gehören zu meinem Lieblingsobst – leider ist die Saison nie lang genug. Es fühlte sich irgendwie verboten an, die wunderbaren Sommerfrüchte für die Zubereitung eines Strudels zu verwenden, aber das Ergebnis war so gut, dass ich mir Absolution erteilt habe. Gebräunte Butter liegt in der Dessertwelt voll im Trend: Nussig, fettig und reichhaltig wie sie ist, passt sie gut zu Kuchen, Crumbles, Cremedesserts und Kuchenglasuren. Dieses Rezept enthält nur sehr wenig Zucker, da ich mich auf die natürliche Süße der saisonalen Früchte verlasse. Verwenden Sie je nach Jahreszeit und persönlichem Geschmack aber gern mehr. – Phoebe

Für 8 Stücke

70 g Butter

500 g Nektarinen (etwa 3 Stück), entsteint, in Stücke geschnitten

Mark von ½ Vanilleschote

115 g Honig

2 Lagen Blätterteig (TK, ingesamt 330 g), aufgetaut und gegebenenfalls 2 mm dünn ausgerollt

1 Ei, leicht verquirlt

1 EL Demerarazucker

Die Butter in einem großen Topf zerlassen und 4–5 Minuten erhitzen, bis sie haselnussbraun ist. In eine kleine Schüssel gießen und beiseitestellen. Den Topf zurück auf den Herd stellen und die Temperatur auf schwache Hitze reduzieren. Nektarinen, Vanillemark und Honig in den Topf geben und unter gelegentlichem Rühren 30 Minuten sanft köcheln lassen, bis ein stückiges Nektarinenkompott entstanden ist. Vom Herd nehmen.

Den Backofen auf 200 °C vorheizen. Die Blätterteiglagen jeweils halbieren. Zwei davon etwa 3 cm überlappend aufeinanderlegen, sodass ein 36 cm × 15 cm großes Rechteck entsteht. Auf ein mit Backpapier ausgelegtes Backblech legen.

Die beiden übrigen Blätterteiglagen ebenfalls überlappend aufeinanderlegen und andrücken, sodass ein 36 cm × 15 cm großes Rechteck entsteht. Den Teig mit einem Messer mit Wellenschliff in 8 mm großen Abständen einschneiden, sodass an allen Seiten jeweils ein 1 cm breiter Rand bleibt.

Das Nektarinenkompott auf der ersten Teigplatte verteilen, mit 2 cm Rand auf allen Seiten. Die Ränder mit dem verquirlten Ei bestreichen. Die zweite Teigplatte darauflegen und die Ränder zum Versiegeln andrücken. Mit dem Ei bestreichen und mit dem Demerarazucker bestreuen. Im Ofen in 30 Minuten goldbraun backen. Vor dem Anschneiden 30 Minuten ruhen lassen.

Schoko-Nuss-Tarte

Diese Tarte erinnert mich an das erste Mal, dass ich eine Nutella-Crêpe gekostet habe, am Straßenrand der Rue Mouffetard in Paris. Das war auf meiner ersten Reise nach Übersee, und Paris war die erste Station. Ich erinnere mich daran, dass ich mich unglaublich verwegen fühlte, als warme Nutella an meinen Händen heruntertropfte. Ich verschlang eine Crêpe und bestellte sofort die nächste. In diesem Rezept verleiht die Nutella der Füllung eine dekadente Textur. – Phoebe

Für 12 Stücke

400 g Nuss-Nougat-Creme

3 Eier plus 2 Eigelb

400 g Sahne

1 EL Mehl

30 g geröstete Haselnusskerne, die Hälfte grob gehackt, zum Servieren

Mürbeteig

200 g Mehl

55 g Zucker

¼ TL feines Meersalz

125 g kalte Butter, in 2 cm große Würfel geschnitten

2 TL Apfelessig, unter 80 ml kaltes Wasser mit 4 Eiswürfeln gerührt

Für den Mürbeteig Mehl, Zucker und Salz in einer Schüssel mischen. Die gewürfelte Butter zugeben und mit der Teigkarte in die Mehlmischung einarbeiten. Dabei darauf achten, dass größere Butterstückchen erhalten bleiben, damit der Teig besonders locker-flockig wird. Das Essigwasser in drei Etappen zufügen und mit den Händen untermischen, bis die Zutaten zu einem Teig zusammenkommen. Den Teig zu einer Scheibe formen, in Frischhaltefolie wickeln und im Kühlschrank 3 Stunden ruhen lassen.

Den Teig auf der leicht bemehlten Arbeitsfläche zu einem 3 mm dünnen Kreis ausrollen und eine Tarteform (ø 22 cm) damit auslegen, sodass rundherum 3 cm Teig überstehen. Diesen Überhang zwischen Daumen und Zeigefinger eindrücken, sodass ein gewellter Rand entsteht. Im Gefrierschrank 30 Minuten ruhen lassen. Den Backofen auf 200 °C vorheizen. Den Teig in der Form mit Backpapier und getrockneten Hülsenfrüchten abdecken und 25 Minuten blindbacken, bis der Teig hellgolden ist. Hülsenfrüchte und Backpapier entfernen und den Teigboden weitere 5 Minuten backen, bis er trocken ist. Aus dem Ofen nehmen und abkühlen lassen. Die Ofentemperatur auf 140 °C reduzieren.

Für die Füllung Nuss-Nougat-Creme, Eier, Eigelbe und Sahne glatt rühren. In einer separaten Schüssel 3 EL der Mischung mit dem Mehl glatt rühren und unter die restliche Creme mischen. Durch ein Sieb auf den blindgebackenen Boden streichen, gleichmäßig verteilen und 1 weitere Stunde backen. Vor dem Servieren auf Raumtemperatur abkühlen lassen. Mit den Haselnüssen bestreuen.

Pie mit gemischten Beeren

Dies ist eines meiner Standard-Pie-Rezepte. Immer, wenn ich große Mengen an Beeren eingefroren habe, mache ich diese Pie und füge nach Lust und Laune Birnen oder Äpfel für die Füllung hinzu. Sie ist köstlich, wie Konfitüre, und es macht mir großen Spaß am Herd zu stehen und das Obst umzurühren. Das hat fast etwas Therapeutisches. Genießen Sie diese Pie an einem entspannten Sonntagnachmittag! – Phoebe

Für 6 Stücke

500 g gemischte Beeren (frisch oder TK), z. B. Heidelbeeren, Himbeeren, Cranberrys

2 reife Birnen, geschält, entkernt und in Stücke geschnitten

220 g Zucker

Mark von ½ Vanilleschote

35 g Vanillepuddingpulver

1 Ei, leicht verquirlt

1 EL Demerarazucker

Mürbeteig

375 g Mehl

55 g Zucker

½ TL feines Meersalz

250 g kalte Butter, in 2 cm große Würfel geschnitten

2 EL Apfelessig, unter 125 ml kaltes Wasser mit 4 Eiswürfeln gerührt

Für den Mürbeteig Mehl, Zucker und Salz in einer Schüssel mischen. Die gewürfelte Butter zugeben und mit der Teigkarte in die Mehlmischung einarbeiten. Dabei darauf achten, dass größere Butterstückchen erhalten bleiben, damit der Teig besonders locker-flockig wird. Das Essigwasser in drei Etappen zufügen und mit den Händen untermischen, bis die Zutaten zu einem groben Teig zusammenkommen. Den Teig halbieren, zu Scheiben formen, in Frischhaltefolie wickeln und im Kühlschrank 3 Stunden ruhen lassen.

Die beiden Teigstücke nacheinander auf der leicht bemehlten Arbeitsfläche zu 3 mm dünnen Kreisen ausrollen. Mit der ersten Teigplatte eine Pie-Form (ø 22 cm) auslegen, sodass rundherum 3 cm Teig übersteht. Die zweite Teigplatte in acht 3 cm breite Streifen schneiden. Beides im Kühlschrank 1 Stunde ruhen lassen.

Beeren, Birnen und Zucker in einem Topf mischen und 15 Minuten köcheln lassen. Vom Herd nehmen und das Vanillemark unterrühren. In einer kleinen Schüssel das Puddingpulver mit 4 EL der Beerenmischung glatt rühren. Zum Rest der Beerenmischung in den Topf geben und unter Rühren 5 Minuten köcheln lassen, bis die Füllung angedickt ist. Vom Herd nehmen und vollständig abkühlen lassen.

Den Backofen auf 200 °C vorheizen. Die mit dem Teig ausgelegte Pie-Form auf ein Backblech stellen und die Füllung in der Form verteilen. Aus den gekühlten Mürbeteigstreifen ein Gitter flechten (s. S. 150) und es über die Füllung legen. Überstehenden Teig des Gitters abschneiden und den überstehenden Teig vom Boden nach innen falten, um die Ränder des Teiggitters zu verbergen.

Den Teigrand rundherum zwischen Daumen und Zeigefinger zusammendrücken, sodass ein Wellenmuster entsteht. Mit dem verquirlten Ei bestreichen und mit dem Demerarazucker bestreuen.

Im Ofen 20 Minuten backen, bis der Teig leicht gebräunt ist. Die Temperatur auf 180 °C reduzieren und die Pie weitere 30 Minuten backen, bis der Teig goldbraun und knusprig ist. Vor dem Servieren 30 Minuten ruhen lassen.

Mogler

Kirsch-Heidelbeer-Kokos-Crumble

In bestimmte Rezepte muss man sich einfach verlieben. Man verliebt sich in ihr Aussehen, den Geschmack und die Begeisterung, die man damit von anderen Menschen erntet. Dies ist eines dieser Rezepte. Der Crumble ist ganz einfach zubereitet, schmeckt wunderbar saftig und ruft nostalgische Erinnerungen an einen wirklich guten Crumble hervor, warmen Obstauflauf mit Streuseln. Ich hoffe, Sie werden ihn ebenso lieben wie wir. — Kirsten

Für 4 Stücke

1 Glas (720 ml) entsteinte Süßkirschen, abgetropft und Saft aufbewahrt (etwa 350 ml)

180 g Zucker

2 EL Speisestärke

100 g Heidelbeeren (frisch oder TK)

Streusel

1½ EL feiner brauner Zucker

35 g Kokosraspel

35 g Mehl

90 g Haferflocken

2 EL Mandelblättchen

75 g kalte Butter, in Würfel geschnitten

geschlagene Sahne oder Eiscreme, zum Servieren

Kirschsaft und Zucker in einem Topf bei mittlerer bis starker Hitze unter gelegentlichem Rühren 15 Minuten köcheln lassen, bis die Flüssigkeit um die Hälfte reduziert ist. In einer kleinen Schüssel die Speisestärke in 4 EL dieses Kirschsirups auflösen. Die Mischung unter den restlichen Sirup im Topf rühren, gefolgt von Kirschen und Heidelbeeren. Bei schwacher Hitze 10 Minuten köcheln lassen, bis die Flüssigkeit angedickt ist und glänzt. Vom Herd nehmen und vollständig abkühlen lassen. Den Backofen auf 180 °C vorheizen.

Die Zutaten für die Streusel in einer Schüssel mischen und die Butter mit den Fingerspitzen in die trockenen Zutaten reiben. Ein paar kleinere Butterstückchen sollten noch in der Mischung zu erkennen sein.

Die Füllung in eine runde Auflaufform geben und die Streusel auf der Oberfläche verteilen. Auf einem Backblech in den Ofen schieben und 35 Minuten backen, bis die Füllung kochend heiß ist und die Streusel goldbraun sind. Mit geschlagener Sahne oder Eiscreme servieren.

Mandel-Pflaumen-Crostata mit Orangenblütenwasser und Thymian

Als wir meiner Familie die ersten Fotos für dieses Buch zeigten, war das ihr Lieblingsbild. Ich glaube, zum Teil liegt das daran, dass das Rezept so einfach aussieht (was es auch ist): Teig und Frangipane sind ganz schnell und einfach zubereitet. Bei Steinobst bin ich sehr pingelig, denn meine Eltern bauen auf ihrer Obstplantage hervorragende Früchte an. Pflaumen erinnern mich an unser altes Dörrgerät, welches ich nachts vor sich hinbrummen hörte, um morgens dann mit säuerlich-süßen halbgetrockneten Pflaumen aufzuwachen. Davon naschten meine Schwester und ich in der Schulpause, während alle anderen Kinder Fruchtgummi aßen! – Phoebe

Für 12 Stücke

½ Portion Vanillemürbeteig (s. S. 7), 3 mm dünn ausgerollt

180 g weiche Butter

240 g Zucker

abgeriebene Schale von 2 Bio-Orangen plus in Streifen abgeschnittene Schale von 1 Bio-Orange

1 EL Orangenblütenwasser

Mark von 1 Vanilleschote

3 Eier

300 g gemahlene Mandeln

2 EL Speisestärke

1 kg reife Pflaumen, halbiert und entsteint

1 EL Demerarazucker

1 Eiweiß

6 Zweige Thymian

Puderzucker, zum Bestäuben (nach Belieben)

Den Backofen auf 180 °C vorheizen. Ein Backblech mit Backpapier auslegen und den Teig darauf ausbreiten. Bis zur Verwendung im Kühlschrank ruhen lassen.

Butter und Zucker (davon 1 EL beiseitestellen) mit dem Handrührgerät schaumig schlagen. Abgeriebene Orangenschale, Orangenblütenwasser und Vanillemark untermischen. Die Eier nacheinander vollständig unterrühren. Abschließend gemahlene Mandeln und Speisestärke untermischen.

Die Mandelmischung auf dem Teig verteilen, sodass rundherum 1 cm frei bleibt. Den Rand über der Füllung ein Stück nach innen falten. Die Pflaumenhälften auf die Füllung legen, mit dem Demerarazucker bestreuen und die Orangenschalenstreifen darauf arrangieren.

Das Eiweiß locker aufschlagen. Die Thymianzweige einzeln hineintauchen und dann im restlichen Zucker (1 EL) wenden. Auf der Oberfläche der Crostata verteilen und im Ofen 35 Minuten backen, bis die Oberfläche schön gebräunt ist und die Pflaumen weich sind. Abkühlen lassen und zum Servieren nach Belieben mit Puderzucker bestäuben.

Apfel-Karamell-Pie

Auf dem Bild sieht man die Pie in einem Familienerbstück: einer gusseisernen Pfanne, die meine Eltern bereits bei meiner Geburt besaßen. Als ich sieben Jahre alt war, machten meine Eltern mit meiner Schwester und mir eine fantastische sechsmonatige Rundreise im Wohnwagen durch Australien. In dieser Pfanne bereitete mein Dad in diesen Monaten Bolognese, Würstchen, Baked Beans, frisch gefangenen Fisch und so manche Pancakes zu (wenn wir Glück hatten) – aber niemals Pie. Man kann für die seltsamsten Dinge Nostalgie empfinden, und die Tatsache, dass diese Pfanne einen festen Platz in der Küche meiner Familie hat, begeisterte mich schon immer. Also ergriff ich gern die Gelegenheit, ihr auch in diesem Buch einen Platz zu geben. In einer guten Pfanne und mit einem hochwertigen küchenfertigen Teig ist diese Apfel-Karamell-Pie ganz einfach zubereitet. – Phoebe

Für 8 Stücke

850 g säuerliche grüne Äpfel, z. B. Sorte Granny Smith, geschält, entkernt und in kleine Stücke geschnitten

450 g Dulce de Leche oder 2 Dosen (à 395 g) gesüßte Kondensmilch

1 TL gemahlener Zimt

60 g Sahne

1 Portion Mürbeteig (s. S. 7), halbiert und je 3 mm dünn ausgerollt

35 g Vanillepuddingpulver

1 Ei, leicht verquirlt

1 EL Demerarazucker

Nach Belieben kann die Dulce de Leche selbst gemacht werden. Dafür das Etikett von 2 Dosen gesüßter Kondensmilch entfernen und mit dem Dosenöffner je zwei Löcher in den Deckel stechen. Die Dosen mit der eingestochenen Seite nach oben in einen Topf stellen und diesen mit Wasser füllen, sodass es bis 1 cm unter den oberen Rand der Dosen reicht. Bei starker Hitze zum Köcheln bringen, dann die Temperatur auf schwache Hitze reduzieren und das Wasser 3 Stunden sieden lassen. Immer wieder Wasser nachfüllen. Die Dosen vorsichtig aus dem Wasser heben und abkühlen lassen. Die Karamellmasse aus den abgekühlten Dosen herausschaben. Falls das mehr Dulce de Leche ergibt, als für dieses Rezept benötigt wird, werden Sie sicher eine andere Verwendung finden.

Den Backofen auf 200 °C vorheizen. Äpfel, Dulce de Leche und Zimt in einem Topf mischen und auf dem Herd unter Rühren etwa 10 Minuten köcheln lassen, bis die Äpfel etwas weicher sind. Vom Herd nehmen und vollständig abkühlen lassen. Die Sahne unterheben. Eine gusseiserne Pfanne (ø 26 cm) mit der Hälfte des ausgerollten Teigs auslegen. Mit dem Puddingpulver bestreuen und die Apfelmischung darauf verteilen. Mit dem restlichen Teig abdecken, überstehenden Teig abschneiden und die Teigränder zum Versiegeln zusammendrücken. Den Teig oben in der Mitte kreuzweise einschneiden, mit dem verquirlten Ei bestreichen und mit dem Demerarazucker bestreuen. Im Ofen in 40 Minuten goldbraun backen. Vor dem Servieren 30 Minuten ruhen lassen.

Apfel-Erdbeer-Auflauf

Die Bilder von diesem Auflauf haben wir mitten im eiskalten Winter auf der Terrasse meiner Eltern in den Blue Mountains aufgenommen. Es gab nichts Besseres, als uns nach dem Shooting drinnen mit einer Portion des heißen, fruchtigen Auflaufs zu belohnen. Ich gebe gerne große Stücke weißer Schokolade in Kuchen, da sie eine köstliche, karamellartige Überraschung bieten, wenn man darauf trifft. Dieses Dessert hat keinen Teigboden, ist also super fix zubereitet und kann auch unter der Woche schnell auf den Tisch gezaubert werden. – Phoebe

Für 6 Stücke

600 g Äpfel, geschält, entkernt und in Scheiben geschnitten

1 Vanilleschote, längs aufgeschnitten und das Mark herausgeschabt

75 g Zucker

80 g feiner brauner Zucker

40 g Butter

320 g Erdbeerkonfitüre

125 g Erdbeeren, Stielansätze entfernt

2 TL Speisestärke

100 g weiße Schokolade, gehackt

½ Portion Mürbeteig (s. S. 7), 3 mm dünn ausgerollt

1 Ei, leicht verquirlt

Demerarazucker, zum Bestreuen

Den Backofen auf 180 °C vorheizen. Die Äpfel mit Vanillemark und -schote, beiden Zuckersorten und Butter in einer Pfanne mischen und unter gelegentlichem Rühren 25 Minuten erhitzen, bis sie weich sind. Erdbeerkonfitüre, Erdbeeren und Speisestärke untermischen, beiseitestellen und abkühlen lassen.

Eine 30 cm × 20 cm große Auflaufform auf ein Backblech stellen. Die Schokolade unter die abgekühlte Apfel-Erdbeer-Mischung heben. Die Füllung in der Auflaufform verteilen. Aus dem Mürbeteig fünf 4 cm breite und sieben 1 cm breite Streifen schneiden und gitterförmig über die Füllung legen. Dabei die Größe der Streifen abwechseln. Überstehenden Teig abschneiden. Mit dem verquirlten Ei bestreichen und mit dem Demerarazucker bestreuen. Im Ofen in 35 Minuten goldbraun backen. Vor dem Servieren auf Raumtemperatur abkühlen lassen.

Himbeer-Vanillepudding-Pie

Dieses Rezept ist meinem Großvater gewidmet. Mit Anfang zwanzig reiste ich sechs Monate durch Europa und hatte das große Glück, in England bei Grandpa Noo Noo eine Basis zu haben. Wir waren als das seltsame Paar bekannt: Wir kabbelten uns wie ein altes Ehepaar und hatten eine fabelhafte Zeit zusammen. An den Wochenenden fuhren wir hinaus aufs Land, um wunderschöne alte Pubs zu erkunden und traditionelles englisches Pub-Essen zu genießen. Noo Noo war von den Desserts immer viel begeisterter als von den Hauptgerichten und entschloss sich oft schon für ein bestimmtes Dessert, noch bevor er das Hauptgericht ausgewählt hatte. Als ich den ersten Tag in seinem Haus verbrachte, öffnete ich den kleinen Kühlschrank und sah, dass er von oben bis unten gefüllt war mit süßem Gebäck, Donuts, Obsttartes, Schokolade und allen möglichen mit Konfitüre gefüllten Leckereien! Es war nichts Herzhaftes zu sehen – erst nach genauerem Hinsehen entdeckte ich ein schlaffes Stück Brokkoli im Gemüsefach. Als ich Noo Noo fragte, warum er Brokkoli im Kühlschrank habe, aber nichts, was dazu gegessen werden könnte, antwortete er: »Der ist da, damit ich mich besser fühle. Vermutlich werde ich nie dazu kommen, ihn zuzubereiten, aber ich fühle mich auf jeden Fall gesünder, weil ich weiß, dass ich ihn im Haus habe.«
Noo Noo, diese Pie ist für dich. Iss so viel Himbeer-Vanillepudding-Pie wie du möchtest – ich werde es Mum nicht verraten. Alles ist für dich. Ich liebe dich. – Kirsten

Für 8 Stücke

½ Portion Mürbeteig (s. S. 7), 3 mm dünn ausgerollt

2 EL Vanillepuddingpulver

1 EL Zucker

Mark von ½ Vanilleschote

500 g Sahne

160 g hochwertige Himbeerkonfitüre

Eine Pie-Form (ø 22 cm) mit dem Teig auslegen, sodass an den Seiten jeweils 3 cm Teig überstehen. Den überhängenden Teig zwischen Daumen und Zeigefinger rundherum zusammendrücken, sodass ein gewellter Rand entsteht. Im Gefrierschrank 1 Stunde ruhen lassen.

In einer Schüssel Puddingpulver, Zucker und Vanillemark mischen. 2 EL Sahne zufügen und mit dem Schneebesen glatt rühren. Diese Mischung zusammen mit der restlichen Sahne in einen Topf geben und unter ständigem Rühren etwa 6 Minuten erhitzen, bis die Masse angedickt und glatt ist. Vom Herd nehmen und auf Raumtemperatur abkühlen lassen.

Den Backofen auf 200 °C vorheizen. Den gefrorenen Teigboden mit Backpapier und getrockneten Hülsenfrüchten bedecken. Die Pie-Form auf ein Backblech stellen und im Ofen 10 Minuten backen, bis der Teig trocken ist. Hülsenfrüchte und Backpapier entfernen und den Teig in weiteren 10 Minuten goldbraun backen. Leicht abkühlen lassen. Die Konfitüre auf den Teigboden geben und verstreichen und die Puddingmasse gleichmäßig darauf verteilen. In den Ofen schieben, die Temperatur sofort auf 150 °C reduzieren und die Pie 40 Minuten backen, bis der Pudding gestockt, in der Mitte aber noch leicht wackelig ist. Vollständig abkühlen lassen, dann bis zum Servieren in den Kühlschrank stellen.

Apfel-Crostata

Ich liebe die cremig-säuerliche Zugabe von saurer Sahne in Desserts. Hier bildet sie einen schönen Ausgleich zur in der Regel sehr süßen Frangipane und den knackig-sauren Äpfeln. Diese Crostata ist schnell und einfach gemacht, ohne dass man spezielle Zubereitungsmethoden beherrschen müsste. Nach Belieben können weitere saisonale Früchte zugefügt werden, z. B. Pflaumen, Rhabarber, Brombeeren oder Erdbeeren, um diese Crostata zu etwas ganz Besonderem zu machen. – Phoebe

Für 8 Stücke

1 Portion Mürbeteig vom Rezept für die Gewürzapfel-Tarte mit Golden Syrup (s. S. 28)

110 g weiche Butter

110 g Zucker

60 g saure Sahne (18 % Fett) oder 60 g Schmand

Mark von ½ Vanilleschote

2 Eier plus 1 Eigelb

250 g gemahlene Mandeln

2 säuerliche grüne Äpfel, z. B. Sorte Granny Smith, geschält, entkernt und in feine Scheiben geschnitten

2 EL Demerarazucker

Puderzucker, zum Bestäuben

Sahne, zum Servieren

Den Backofen auf 180 °C vorheizen. Eine Pie-Form (ø 22 cm) mit dem Teig auslegen, sodass an den Seiten jeweils 5 cm Teig überstehen. Im Kühlschrank ruhen lassen, während die Frangipane zubereitet wird.

Für die Frangipane Butter und Zucker mit dem Handrührgerät schaumig schlagen. Saure Sahne und Vanillemark untermischen. Eier und Eigelb einzeln jeweils vollständig unterrühren. Abschließend die gemahlenen Mandeln unterheben.

Die Frangipane auf dem Teigboden verteilen und die Apfelscheiben darauf arrangieren. Mit dem Demerarazucker bestreuen und im Ofen in 40 Minuten goldbraun backen. Auf Raumtemperatur abkühlen lassen, mit Puderzucker bestäuben und mit Sahne servieren.

Bananen-Whiskey-Pie

Karamellisierte Früchte mit Schuss, lockerer Blätterteig und eine samtig-cremige Füllung – und doch ein simples Dessert. Ein paar unterschiedliche Elemente werden ganz einfach kombiniert, doch das Ergebnis ist großartig. Schneiden Sie die Bananen nach Belieben in Stücke oder verwenden Sie für eine tropische Version Ananasscheiben aus der Dose.
– Kirsten

Für 6 Stücke

2 Lagen Blätterteig (TK, insgesamt 330 g), aufgetaut, nach Bedarf 2 mm dünn ausgerollt

500 g zimmerwarmer Frischkäse (Doppelrahmstufe)

Mark von 1 Vanilleschote

180 g Zucker

2 EL Whiskey

3 Bananen, geschält und längs halbiert

3 EL geröstete Haselnusskerne, gehackt, zum Servieren

Den Backofen auf 200 °C vorheizen. Eine Pie-Form (ø 20 cm) mit dem Blätterteig auslegen, sodass rundherum 2 cm Teig überstehen. Den Teig mit Backpapier und getrockneten Hülsenfrüchten abdecken. Im Ofen 25 Minuten blindbacken, bis die Ränder aufgegangen und goldbraun sind. Hülsenfrüchte und Backpapier entfernen. Den Teigboden mehrmals mit einer Gabel einstechen, damit Luft entweichen kann. Weitere 5 Minuten backen, bis auch der Boden goldbraun ist und sich trocken anfühlt. Vollständig abkühlen lassen.

Frischkäse, Vanillemark und 40 g Zucker in der Küchenmaschine glatt rühren.

Den restlichen Zucker (140 g) mit 2 EL Wasser in einer Pfanne etwa 5 Minuten erhitzen und dabei die Pfanne gelegentlich schwenken, bis ein goldener Karamell entstanden ist. Die Pfanne leicht gekippt halten (sodass sie vom Körper weg zeigt), den Whiskey zufügen und das Ganze vorsichtig schwenken, damit sich die Zutaten verbinden. Die Bananen mit der Schnittfläche nach unten vorsichtig in den Karamell legen und in 3 Minuten goldbraun anbraten. Die Bananen wenden und die Pfanne vom Herd nehmen.

Die Frischkäsemasse auf dem vorgebackenen Teigboden verteilen, die Bananen darauf arrangieren. Zum Servieren mit dem überschüssigen Karamell aus der Pfanne beträufeln und mit den Haselnüssen bestreuen.

Aprikosen-Erdbeer-Pie mit Vanille

Aprikosenkonfitüre erinnert mich immer an die Berufsschule. Wir glasierten damit alles, was wir im Patisserie-Unterricht zubereiteten: von Brandteig-Schwänen bis hin zu einfachen Scones. Damals fand ich das veraltet, aber heute mische ich gern etwas Vanille unter die Konfitüre und backe sie in Pies. Das schmeckt richtig gut und in der Kombination mit Erdbeeren noch besser. Nach Belieben können Sie für diese Pie auch Himbeeren oder frisch entsteinte Kirschen verwenden. – Phoebe

Für 6 Stücke

3 Lagen Blätterteig (TK, insgesamt 500 g), aufgetaut und nach Bedarf 2 mm dünn ausgerollt

750 g Erdbeeren, Stielansatz entfernt, große Exemplare halbieren

70 g Zucker

350 g Aprikosenkonfitüre

Mark von ½ Vanilleschote

Saft von 1 Zitrone

3 EL Speisestärke

1 Ei, mit 1 EL Wasser leicht verquirlt

1 EL Demerarazucker

Eine Pie-Form (ø 20 cm) mit 1 Lage Blätterteig auslegen und überstehenden Teig am Rand gegebenenfalls abschneiden. Bis zur Weiterverarbeitung im Kühlschrank ruhen lassen. Die beiden anderen Blätterteiglagen in zwölf Streifen à 12 cm × 2 cm schneiden. Die Streifen auf einem mit Backpapier ausgelegten Backblech zu einem engen Gitter flechten (s. S. 150). Bis zur Weiterverarbeitung im Gefrierschrank ruhen lassen.

Den Backofen auf 200 °C vorheizen. Den Teig in der Pie-Form mit Backpapier und getrockneten Hülsenfrüchten abdecken. Auf einem großen Backblech in den Ofen schieben und 15 Minuten blindbacken, bis der Teig hellgolden ist. Aus dem Ofen nehmen (den Ofen angeschaltet lassen). Hülsenfrüchte und Backpapier entfernen und den Teigboden mehrmals mit einer Gabel einstechen, damit Luft entweichen kann. Weitere 5 Minuten blindbacken, bis sich der Teig trocken anfühlt. Auf Raumtemperatur abkühlen lassen.

Erdbeeren, Zucker, Aprikosenkonfitüre, Vanillemark, Zitronensaft und Speisestärke in einer Schüssel sorgfältig mischen. Die Füllung auf dem vorgebackenen Teigboden verteilen. Das Teiggitter auf die Füllung legen und die Ränder zum Versiegeln zusammendrücken.

Die Oberfläche mit dem verquirlten Ei bestreichen und den Demerarazucker daraufstreuen. Im Ofen in 50 Minuten goldbraun backen. Vor dem Servieren 30 Minuten ruhen lassen.

Zitronen-Heidelbeer-Pie mit Baiserhaube

Es kann einfach kein Pie-Buch ohne ein Rezept für Zitronen-Baiser-Pie geben! Aber warum sollte man dafür einen langen, aufwendigen Prozess durchstehen müssen, wenn es auch viel schneller und einfacher geht?! In diesem Rezept verwenden wir fertig gekauften Lemon Curd, mischen Heidelbeeren unter und spritzen abschließend eine einfache Baisermasse auf die Oberfläche. Die Inspiration für diese einfallsreiche Baiserspirale stammt von einer Geschichte, die Phoebe für das Magazin delicious. *geschrieben hat. Wir fanden diese Pie toll und wollten sie für dieses Buch rekreieren. Für die dunkelbraune Farbe haben wir die Baisermasse mit einem Flambierer karamellisiert. Alternativ können Sie die Pie 1–2 Minuten unter den heißen Ofengrill schieben, bis sie schön gebräunt ist.* – Kirsten

Für 6 Stücke

¼ Portion Mürbeteig (s. S. 7), 3 mm dünn ausgerollt

250 g Mascarpone

315 g Lemon Curd (Zitronencreme)

125 g Heidelbeeren (frisch oder TK)

3 Eiweiß

160 g Zucker

Eine Springform (ø 16 cm) mit dem Mürbeteig auslegen und überstehenden Teig sauber nach innen falten. Im Kühlschrank 30 Minuten ruhen lassen.

Den Backofen auf 200 °C vorheizen. Den Teig in der Springform mit Backpapier und getrockneten Hülsenfrüchten abdecken. Im Ofen etwa 25 Minuten blindbacken, bis der Teig hellgolden ist. Hülsenfrüchte und Backpapier entfernen und den Teig weitere 10 Minuten backen, bis er goldbraun ist und sich trocken anfühlt. Vollständig abkühlen lassen und vorsichtig aus der Springform lösen.

In einer Schüssel Mascarpone, Lemon Curd und Heidelbeeren mischen. Die Mischung auf dem gebackenen Teigboden verteilen.

In einer sehr sauberen Schüssel Eiweiße und Zucker mit dem Handrührgerät aufschlagen, bis der Zucker vollständig aufgelöst und ein steifer, glänzender Eischnee entstanden ist (das dauert etwa 10 Minuten). Die Baisermasse in einen mit einer 1-cm-Lochtülle ausgestatteten Spritzbeutel füllen und spiralförmig auf die Füllung spritzen. Die Oberfläche mit dem Flambierer karamellisieren und die Pie sofort servieren.

Quittenkuchen vom Blech

Meine Eltern haben einen wunderschönen alten Quittenbaum auf ihrer Farm in Bathurst, New South Wales, stehen. Er trägt nur alle zwei Jahre Früchte und dann bekomme ich immer riesige, mit Quitten gefüllte Kisten, wenn ich zu Besuch bin. Dieses Jahr habe ich es geschafft, einen Teil der vielen Früchte einzumachen, damit ich sie später in Desserts, Salaten und Tagines verarbeiten kann. Im Winter kochten meine Mutter und ich einen riesigen Topf Quittenpaste. Es war richtig schön zu beobachten, wie sich die Farbe der Früchte beim Kochen von strahlendem Weiß über ein warmes Orange zu einem intensiven Purpurrot verwandelte. Wir bereiteten ein paar Kilo zu und verpackten sie in Backpapier und luftdicht verschlossenen Einmachgläsern, sodass sie unheimlich lange haltbar ist. Dieser Kuchen ist eine wunderbare Möglichkeit, diese weiche, süße Paste zu verarbeiten. Die intensiven, herzhaften Noten des Lorbeers bilden einen tollen Kontrast zu den süßen Aromen. – Phoebe

Für 8 Stücke

1 Portion Mürbeteig (s. S. 7), halbiert und je 3 mm dünn ausgerollt

250 g Erdbeeren, geputzt und in kleine Stücke geschnitten

125 g Himbeeren

2 EL Zucker

220 g weiche Quittenpaste

1 Ei, leicht verquirlt

2 getrocknete Lorbeerblätter, zerkrümelt

Den Backofen auf 180 °C vorheizen. Ein Backblech mit Backpapier auslegen und eine Lage des ausgerollten Mürbeteigs darauf ausbreiten. Die Seiten sauber abschneiden, sodass ein 30 cm × 21 cm großes Rechteck entsteht.

Erdbeeren und Himbeeren mit 1 EL Zucker in eine Schüssel geben und sorgfältig schwenken. Die Quittenpaste auf dem Teigrechteck verteilen und verstreichen, sodass rundherum ein 2 cm breiter Rand frei bleibt. Die Beerenmischung auf der Quittenpaste verteilen.

Das Ganze mit der zweiten Lage Mürbeteig abdecken und die Ränder sorgfältig zusammendrücken. Die Oberfläche mit dem verquirlten Ei bestreichen und die Pie im Ofen in 40 Minuten goldbraun backen.

Inzwischen den restlichen Zucker (1 EL) in einer kleinen Schüssel sorgfältig mit den Lorbeerblättern mischen. Diese Mischung auf den heißen Kuchen streuen. Zum Servieren schräg in Streifen schneiden.

Creme-Pie mit gebackenen Erdbeeren

Weil die Erdbeeren für diese Pie gebacken werden, werden sie weich und geben einen großartigen, dickflüssigen Sirup ab, der fantastisch zu der Vanillecreme passt. Vor Kurzem habe ich in unserem Gemeinschaftsgartenprojekt ein kleines Erdbeerbeet entdeckt und kann der Versuchung, von den frisch gepflückten Beeren zu naschen, nicht widerstehen (ja, ich bin ein kleiner Gemeinschaftsgartenerntedieb). Erdbeeren und Schlagsahne sind eine klassische Kombination und der Thymian verleiht der Pie eine tolle erdige Note, die ich einfach liebe.
— Phoebe

Für 10 Stücke

½ Portion Vanillemürbeteig (s. S. 7), 3 mm dünn ausgerollt

750 g Erdbeeren, Stielansatz entfernt, größere Exemplare halbiert

1 Vanilleschote, längs aufgeschnitten und das Mark herausgeschabt

2 EL Ahornsirup

1 Zweig Thymian plus 1 Zweig Thymian zum Dekorieren

500 g Mascarpone

375 g Sahne

4 EL Puderzucker

Mark von ½ Vanilleschote

Den Backofen auf 200 °C vorheizen. Eine 5 cm tiefe Pie-Form (ø 22 cm) mit dem Mürbeteig auslegen und überstehenden Teig sauber abschneiden. Den Teig mit Backpapier und getrockneten Hülsenfrüchten abdecken. Im Ofen 20 Minuten blindbacken, bis der Rand goldbraun ist. Hülsenfrüchte und Backpapier entfernen und den Teig weitere 5 Minuten backen, bis sich der Boden trocken anfühlt. Beiseitestellen und vollständig abkühlen lassen. Den Ofen nicht ausschalten.

In einer Schüssel die Erdbeeren vorsichtig mit Vanillemark und -schote, Ahornsirup und Thymian mischen. Auf einem mit Backpapier ausgelegten Backblech verteilen und im Ofen etwa 16 Minuten backen, bis die Beeren weich sind und etwas sirupartige Flüssigkeit ausgetreten ist. Auf Raumtemperatur abkühlen lassen.

Mascarpone, Sahne, Puderzucker und Vanillemark steif schlagen. Diese Creme auf den gebackenen Teigboden geben, verstreichen und abschließend die gebackenen Erdbeeren und den Sirup darauf verteilen. Mit einem Thymianzweig dekorieren.

Schokoladen-Dattel-Tarte mit Meersalz

Hier muss nichts gebacken werden. Die Tarte besteht aus zerbröckelten Keksen, pürierten Datteln und wunderbar samtiger Schokoladenganache. Ein unheimlich einfaches und klares Rezept mit WOW-Effekt! Mir ist bewusst, dass uns Salzkaramell gerade von allen Seiten nachgeschmissen wird, die Zugabe von etwas Salz zu Schokolade wird aber immer noch unterschätzt. In Frankreich gibt man schon seit Jahren eine Prise Salz in manche Schokoladensorten. Das ist wie beim Würzen von herzhaften Speisen: Das Salz unterstreicht die Aromen, mit denen es kombiniert wird. – Kirsten

Für 16 Stücke
Ergibt 2 Tartes (ø 16 cm)

250 g Medjool-Datteln, entsteint

300 g Schokoladenkekse

100 g Butter

300 g Zartbitterschokolade, fein gehackt

400 g Sahne

1 TL Meersalzflocken

Die Datteln in einer Schüssel mit 170 ml kochendem Wasser bedecken und 30 Minuten einweichen.

Die Kekse in der Küchenmaschine zu Krümeln verarbeiten. Die Butter zufügen und mit der Impulsstufe untermischen. Die Streuselmischung auf zwei je 4 cm tiefe Tarteformen (ø 16 cm) verteilen und gleichmäßig an Boden und Seiten andrücken.

Die eingeweichten Datteln abtropfen lassen und mit 2 EL kochendem Wasser in die Küchenmaschine geben. Zu einer glatten Masse verarbeiten, auf den Keksböden in den Formen verstreichen und im Kühlschrank ruhen lassen.

Die gehackte Schokolade in eine hitzebeständige Schüssel geben. Die Sahne in einem Topf bis zum Siedepunkt erhitzen, über die Schokolade gießen und vorsichtig umrühren, bis die Schokolade geschmolzen und eine glatte Masse entstanden ist. Die Ganache in den beiden Formen auf dem Dattelpüree verteilen, glatt streichen und mindestens 1 Stunde im Kühlschrank ruhen lassen, bis die Masse fest geworden ist. Zum Servieren mit den Meersalzflocken bestreuen.

Auf die Hand

Baklava mit Feigen-Honig-Füllung

Diese kleinen Teilchen sahen so wunderschön aus, als wir sie zubereiteten. Ungebacken ist der konisch geformte Teig weiß, die Nüsse geben eine tolle Textur und die saftigen Feigen ruhen wie eine Skulptur in der Mitte. Dieses Rezept ist das perfekte Dessert für ein mediterranes Festmahl und die Teilchen schmecken heiß oder kalt wunderbar mit einem ordentlichen Klecks Joghurt. – Phoebe

Ergibt 4 Stück

6 Lagen frischer küchenfertiger Filo-Teig

50 g Butter, zerlassen und abgekühlt

320 g gemischte Nusskerne, z. B. Pistazien, Haselnusskerne, Walnusskerne, grob gehackt

2 Eier

110 g Zucker

4 reife Feigen, halbiert

90 g Honig plus Honig zum Servieren

Honigwabe (nach Belieben), zum Servieren

griechischer Joghurt (nach Belieben), zum Servieren

Den Backofen auf 180 °C vorheizen. Die einzelnen Filo-Lagen nacheinander großzügig mit der zerlassenen Butter bestreichen und aufeinanderlegen. Den geschichteten Teig mit einem scharfen Messer in vier gleich große Quadrate schneiden. Vier kleine Förmchen (ø 11 cm) mit dem Teig auslegen.

Nüsse, Eier und Zucker in einer Schüssel vermengen. Die Mischung in den ausgelegten Förmchen verteilen. Jeweils 2 Feigenhälften in die Mitte legen und mit dem Honig beträufeln.

Im Ofen 20 Minuten backen, bis der Filo-Teig goldbraun und knusprig ist und die Feigen aufplatzen. Zum Servieren mit zusätzlichem Honig beträufeln und nach Belieben Honigwaben und griechischen Joghurt dazu reichen.

Aprikosen-Kardamom-Taschen

Das erste Mal versuchten wir uns gemeinsam an kleinen gebackenen Teigtaschen, als wir für das Magazin Feast ein Rezept unserer Freundin Alice Storey umsetzten und fotografierten. In gewisser Weise wurden diese Teigtaschen zu unserer Nemesis: In zahllosen Versuchen bemühten wir uns, diese gebratenen Leckereien so hinzubekommen, dass man sie in ihrem vollen Glanz auf dem Cover würde bewundern können. Letztendlich schafften sie es nicht vorne aufs Magazin, aber einen Platz in unseren Herzen hatten sie erobert. Der Teig ist knusprig und gleichzeitig locker und der Kardamom passt perfekt zur Aprikosenfüllung. – Phoebe

Ergibt 4 Stück

200 g Aprikosenkonfitüre

200 g getrocknete Aprikosen, gehackt

Mark von 1 Vanilleschote

1 Prise gemahlene Kardamomsamen plus 1 TL gemahlene Kardamomsamen zum Bestäuben

Pflanzenöl, zum Braten

110 g Zucker

Mürbeteig

300 g Mehl

¼ TL feines Meersalz

100 g kalte Butter, in Würfel geschnitten

150 ml kalte Milch

2 TL Apfelessig

Für den Mürbeteig Mehl und Salz in einer Schüssel mischen. Die Butter zugeben und mit der Teigkarte grob in das Mehl einarbeiten. Es sollten Butterstückchen in der Mischung bleiben, damit der Teig besonders locker-flockig wird. Milch und Essig untermischen, den Teig kurz durchkneten und zu einer Scheibe formen. In Frischhaltefolie wickeln und im Kühlschrank 3 Stunden ruhen lassen.

Aprikosenkonfitüre, getrocknete Aprikosen, Vanillemark und Kardamom in einem kleinen Topf mischen und bei schwacher Hitze 2–3 Minuten erwärmen, bis die Konfitüre flüssig ist. Vom Herd nehmen und abkühlen lassen.

Den Teig vierteln. Jedes Stück auf der leicht bemehlten Arbeitsfläche 3 mm dünn ausrollen. Mit einem runden Ausstecher (ø 16 cm) Kreise ausstechen. Je 2 EL Aprikosenfüllung in die Mitte geben und den Teig darüber zusammenfalten, sodass ein Halbkreis entsteht. Im Kühlschrank 1 Stunde ruhen lassen.

Eine Pfanne mit dickem Boden 1 cm hoch mit Pflanzenöl füllen. Das Öl auf 170 °C erhitzen. (Ist kein Küchenthermometer vorhanden, einen kleinen Brotwürfel in das heiße Öl geben. Wenn das Öl zischt und das Brot in 20 Sekunden goldbraun ist, ist das Öl heiß genug.) Je zwei Taschen in 5 Minuten goldbraun braten, dabei nach der Hälfte der Zeit wenden. Auf Küchenpapier abtropfen lassen.

Zucker und restlichen Kardamom (1 TL) mischen und zum Servieren auf die Taschen streuen.

Mini-Pies mit gemischten Beeren

Das Foto dieser Mini-Pies war etwa sechs Monate der Bildschirmschoner meines Smartphones, so sehr hat es mir gefallen. Immer, wenn ich Pies mache, fällt es mir schwer zu entscheiden, wie ich sie garnieren soll. Mache ich ein enges Gittermuster, das immer Lob erntet? Decke ich die Pie nicht ab, damit die Füllung beim Backen ein wenig überkocht? Oder verziere ich den Rand mit einem Flechtmuster und strapaziere damit meine Geduld? Wie man sieht, konnte und musste ich mich hier nicht entscheiden. Viel Spaß beim Garnieren – seien Sie kreativ! – Phoebe

Ergibt 4 Stück

1 Portion Vanillemürbeteig (s. S. 7), halbiert und je 3 mm dünn ausgerollt

500 g gemischte Beeren, z. B. Heidelbeeren, Himbeeren und Cranberrys

2 reife Birnen, geschält, entkernt und in Würfel geschnitten

220 g Zucker

Mark von ½ Vanilleschote

35 g Vanillepuddingpulver

1 Ei, leicht verquirlt

Aus einer Lage Mürbeteig vier Kreise (ø 14 cm) ausstechen und vier Pie-Formen (ø 10 cm) damit auslegen. Im Kühlschrank 30 Minuten ruhen lassen. Die zweite Lage Teig in vier Quadrate schneiden und nach Belieben als Teigdeckel vorbereiten. Wie wäre es mit einem Teiggitter (s. S. 150)? Oder einfach kleine Kreise aus dem Teigdeckel ausstechen oder die Füllung mit Teigdreiecken abdecken. Die Teigdeckel auf einem mit Backpapier ausgelegten Backblech im Kühlschrank 30 Minuten ruhen lassen.

Beeren, Birnen und Zucker in einem Topf mischen und zum Kochen bringen. Bei mittler Hitze 15 Minuten köcheln lassen. Vom Herd nehmen und das Vanillemark untermischen. In einer kleinen Schüssel das Puddingpulver mit 4 EL der Beerenmischung glatt rühren. Diese Mischung zu den Zutaten im Topf geben und unter Rühren 5 Minuten köcheln und andicken lassen. Vom Herd nehmen und vollständig abkühlen lassen.

Den Backofen auf 200 °C vorheizen. Die Füllung auf die mit Teig ausgelegten Pie-Formen verteilen und nach Belieben die Teigdeckel darauflegen. Überstehenden Teig an den Seiten gegebenenfalls abschneiden und die Ränder zusammendrücken. Die Oberfläche mit dem verquirlten Ei bestreichen und die Pies auf einem Backblech in den Ofen schieben. Im Ofen 10 Minuten backen, dann die Ofentemperatur auf 180 °C reduzieren und die Pies in weiteren 25 Minuten goldbraun backen. Vor dem Servieren auf Raumtemperatur abkühlen lassen.

Kirschtaschen

Meine Großeltern hatten eine Kirschplantage in Young, New South Wales, als ich klein war, also hatten wir im Sommer immer kistenweise frische Kirschen, von denen ich aß, bis mir fast übel wurde. Ich liebe Kirschkonfitüre wegen ihres säuerlich-süßen Geschmacks, der in einem Kuchen wunderbar zu den buttrigen Aromen des Teigs passt. Diese Teigtaschen erinnern mich an die Blätterteigtaschen mit Kirschfüllung, die ich nach der Schule oft heimlich kaufte, wenn ich Taschengeld übrig hatte. Meine Eltern wunderten sich dann immer, dass ich abends meine große Schüssel Vollkornreis nicht aufessen wollte… – Phoebe

Ergibt 12 Stück

1 Portion Vanillemürbeteig (s. S. 7), 3 mm dünn ausgerollt

500 g entsteinte Süßkirschen (aus dem Glas), abgetropft und den Saft aufbewahrt (etwa 200 ml)

110 g Zucker

2 EL Speisestärke

160 g Kirschkonfitüre

1 Ei, leicht verquirlt

Puderzucker, zum Bestäuben

Den ausgerollten Mürbeteig in zwölf gleich große Quadrate schneiden und auf zwei mit Backpapier ausgelegten Backblechen verteilen. Im Kühlschrank ruhen lassen, während die Füllung zubereitet wird.

Kirschsaft und Zucker in einem Topf bei mittlerer Hitze erwärmen. Umrühren, bis der Zucker sich aufgelöst hat. Etwa 15 Minuten köcheln lassen, bis der Saft auf die Hälfte reduziert ist. In einer kleinen Schüssel die Speisestärke mit 3 EL dieses Kirschsirups glatt rühren und dann mit Kirschen und Kirschkonfitüre unter den Rest des Sirups im Topf mischen. Weitere 8 Minuten köcheln lassen, bis die Flüssigkeit angedickt ist und schön glänzt. Vom Herd nehmen und vollständig abkühlen lassen.

Den Backofen auf 180 °C vorheizen. Jeweils 1 EL der Kirschfüllung auf die Mitte der Teigquadrate geben und den Rand rundherum mit dem verquirlten Ei bestreichen. Den Teig über der Füllung zusammenfalten, sodass Rechtecke entstehen. Die zusammengelegten Seiten zum Versiegeln mit einer Gabel eindrücken. In die Oberfläche jeder Teigtasche ein paar kleine Schlitze schneiden, damit beim Backen Dampf entweichen kann. Die Oberfläche leicht mit dem verquirlten Ei bestreichen. Im Ofen in 20 Minuten goldbraun backen. Etwas abkühlen lassen und zum Servieren mit Puderzucker bestäuben.

Blätterteig mit Himbeer-Vanille-Füllung

Ich bin begeistert, wie super einfach diese Blätterteigtaschen zuzubereiten sind – wenige Zutaten für ein großartiges Ergebnis. Das Beste an diesen kleinen Teilchen, die man mit der Hand essen kann, ist, dass man eine gute Entschuldigung hat, sie nicht teilen zu müssen. Heutzutage gibt es qualitativ hochwertigen Blätterteig zu kaufen. Man muss bloß darauf achten, dass er mit Butter zubereitet wurde, nicht mit Margarine. – Phoebe

Ergibt 4 Stück

250 g Himbeeren (frisch oder TK)

100 g Demerarazucker

Mark von 1 Vanilleschote

2 TL abgeriebene Schale von 1 Bio-Zitrone

2 TL frisch gepresster Zitronensaft

2 Lagen Blätterteig (TK, insgesamt 330 g), aufgetaut und nach Bedarf 2 mm dünn ausgerollt

50 g gemahlene Mandeln

1 Ei, leicht verquirlt

4 EL Mandelblättchen

Den Backofen auf 200 °C vorheizen. In einer Schüssel Himbeeren, Zucker, Vanillemark, Zitronenschale und -saft mischen und einen Teil der Himbeeren mit einer Gabel leicht zerdrücken.

Die beiden Blätterteiglagen jeweils in vier gleich große Quadrate schneiden und diese mit Abstand zueinander auf ein mit Backpapier ausgelegtes Backblech legen.

Die gemahlenen Mandeln sorgfältig unter die Himbeermischung heben. Die Füllung gleichmäßig auf vier Teigquadrate verteilen, sodass rundherum jeweils ein 1 cm breiter Rand frei bleibt. Mit den restlichen vier Teigquadraten abdecken und die Ränder zum Versiegeln fest zusammendrücken. Die Oberfläche mit dem verquirlten Ei bestreichen und mit den Mandelblättchen bestreuen. Im Ofen in 25–30 Minuten goldbraun backen.

Schokoladen-Erdnussbutter-Törtchen

Das Besondere an diesen Törtchen? Wir haben Brownies (lecker) und Schokoladenmürbeteig (lecker) zusammengebracht. Als Phoebe diese kleinen Törtchen für das Shooting für dieses Buch vorbereitete, war meine Vorfreude groß. Sehr groß. Die wunderbar weiche Konsistenz von Brownies in locker-knusprigem Mürbeteig und dazu noch die leicht salzige Note der Erdnussbutter und das alles in einer Portion auf die Hand. – Kirsten

Ergibt 6 Stück

⅔ Portion Schokoladenmürbeteig (s. S. 7), 3 mm dünn ausgerollt

80 g Butter

200 g Zartbitterschokolade, gehackt

1 EL hochwertiges Kakaopulver

2 EL Sonnenblumenöl

150 g feiner brauner Zucker

Mark von ½ Vanilleschote

2 Eier plus 2 Eigelb

140 g Erdnussbutter mit Stückchen

100 g Mehl

¼ TL feines Meersalz

1 EL gehackte Erdnüsse, zum Bestreuen

1 Prise Meersalzflocken, zum Bestreuen

Den Backofen auf 180 °C vorheizen. Sechs 2 cm tiefe ovale Förmchen (ø 10 cm) mit dem Mürbeteig auslegen und überstehenden Teig sauber abschneiden. Mit Backpapier und getrockneten Hülsenfrüchten abdecken. Im Ofen 10 Minuten blindbacken, bis der Teig etwas trockener aussieht. Hülsenfrüchte und Backpapier entfernen. Die Ofentemperatur auf 160 °C reduzieren.

Butter, 150 g Schokolade und das Kakaopulver in einem Topf unter Rühren schwach erhitzen, bis die Schokolade geschmolzen ist. Vom Herd nehmen.

In einer Schüssel Sonnenblumenöl, Zucker, Vanillemark, Eier, Eigelbe und Erdnussbutter mit dem Schneebesen glatt rühren. Mehl und Salz untermischen. Abschließend die Schokoladenmasse und die restliche gehackte Schokolade (50 g) unterrühren. Die Masse auf den vorgebackenen Böden verteilen. Im Ofen etwa 20 Minuten backen, bis die Masse gestockt ist, in der Mitte aber noch leicht wackelt, wenn man an den Förmchen rüttelt. Auf Raumtemperatur abkühlen lassen und zum Servieren mit Erdnüssen und Meersalzflocken bestreuen.

Rhabarber-Frangipane-Crostatas mit Vanillesauce

Crostatas sind die idealen Kuchen für Anfänger, denn auch wenn sie schief geraten, sehen sie trotzdem noch cool aus – man nimmt sie so, wie sie sind. Wir beide verwenden gerne Kräuter in Desserts und hier verleiht Rosmarin dem Rhabarber und der süßen Frangipane eine neue Geschmacksdimension. – Phoebe

Ergibt 6 Stück

1 Portion Vanillemürbeteig (s. S. 7), 3 mm dünn ausgerollt

250 g Rhabarber, geputzt und in 6–10 cm lange Stücke geschnitten

2 TL fein gehackte Rosmarinblättchen

150 g Zucker

90 g weiche Butter

abgeriebene Schale von 1 Bio-Orange

Mark von 1 Vanilleschote

1 Ei

150 g gemahlene Mandeln

3 TL Speisestärke

dicke Vanillesauce, zum Servieren

Aus dem ausgerollten Mürbeteig sechs Kreise (ø 16 cm) ausstechen und auf drei mit Backpapier ausgelegte Backbleche legen. Im Kühlschrank ruhen lassen, während die Füllung zubereitet wird.

Rhabarber, Rosmarin und 70 g Zucker in einer Schüssel mischen. Beiseitestellen und 15 Minuten ziehen lassen. Den Backofen auf 200 °C vorheizen.

Die Butter und den restlichen Zucker (80 g) mit dem Handrührgerät schaumig schlagen. Orangenschale, Vanillemark und Ei unterrühren. Abschließend gemahlene Mandeln und Speisestärke sorgfältig untermischen.

Die Creme gleichmäßig auf die Mürbeteigkreise auf den Backblechen verteilen und verstreichen, sodass rundherum jeweils ein 2 cm breiter Rand frei bleibt.

Den marinierten Rhabarber auf der Füllung verteilen und den Teigrand rundherum ein Stück nach innen falten, um die Füllung zu umschließen.

Im Ofen etwa 15 Minuten backen, bis der Teig goldbraun und der Rhabarber weich ist. Leicht abkühlen lassen und zum Servieren etwas Vanillesauce auf die Crostatas träufeln.

Tiramisu-Törtchen

Meine Mutter Debs ist die geborene Gastgeberin. Als ich klein war, konnte man immer bei uns vorbeischauen, nur um »Hallo« zu sagen. Außerdem gab es bei uns zu Hause fantastische Dinnerpartys. An diesen Tagen freute ich mich dann immer auf das »besondere« Essen, das abends auf den Tisch kommen würde. Ich wollte genau wissen, welche Käsesorten meine Mutter für die Käseplatte gekauft hatte, welche Hauptspeise sie kochen würde, und vor allem wollte ich an der Zubereitung des Desserts beteiligt sein. Ich erinnere mich besonders an die Vorfreude auf Tiramisu. Meine Aufgabe war es, die Löffelbiskuits in Kaffee und Likör einzuweichen – aber nicht zu stark, damit sie nicht zerfielen. Ich nahm die Aufgabe sehr ernst und liebe diese Nachspeise noch immer. – Kirsten

Ergibt 6 Stück

250 g Schokoladenkekse

85 g Butter, zerlassen und abgekühlt

2 TL Instant-Kaffeepulver

3 Eigelb

2 EL Zucker

Mark von ½ Vanilleschote

3 EL Puderzucker, gesiebt

250 g Mascarpone

250 g Sahne

2 TL Marsala (nach Belieben)

1 EL zerstoßener Kakaobruch, zum Servieren

2 TL hochwertiges Kakaopulver, zum Servieren

Die Kekse in der Küchenmaschine grob zerkrümeln. Die zerlassene Butter zugeben und mit der Impulsstufe untermischen, bis Streusel entstanden sind. Die Streusel auf dem Boden von sechs Förmchen (ø 11 cm) verteilen und gleichmäßig andrücken.

In einer kleinen Schüssel das Kaffeepulver in 1 EL kochendem Wasser auflösen und beiseitestellen.

Eigelbe und Zucker in einer hitzebeständigen Schüssel mischen und über einem siedend heißen Wasserbad (der Boden der Schüssel darf nicht mit dem heißen Wasser in Kontakt kommen) unter ständigem Rühren mit dem Schneebesen 6 Minuten erhitzen, bis der Zucker sich aufgelöst hat und eine dicke, helle und schaumige Masse entstanden ist. Die Masse in die Schüssel der Standküchenmaschine geben und mit dem Schneebesenelement etwa 5 Minuten aufschlagen, bis sie vollständig abgekühlt ist. Die Küchenmaschine kurz anhalten, dann Vanillemark, Puderzucker, Mascarpone und Sahne zufügen. Die Mischung in weiteren 1–2 Minuten steif schlagen (nicht länger, um sie nicht zu überschlagen).

Die Hälfte der Masse in eine Schüssel geben und den Kaffee untermischen. Nach Belieben den Marsala unter die andere Hälfte heben. Die Kaffeemasse auf den Keksböden verteilen, gefolgt von der Marsalamasse. Zum Servieren mit dem Kakaobruch bestreuen und mit dem Kakaopulver bestäuben.

Gedeckter Birnen-Ingwer-Kuchen vom Blech

Einfacher gehts nicht! Man muss noch nicht einmal separate Teilchen zubereiten. Der Gedanke, einfach zwei Lagen Teig auszurollen, auf einer davon einzelne Portionen klebriger Birnenfüllung zu verteilen und das Ganze dann mit der zweiten Lage Teig abzudecken – wie mit einer Decke in einer kalten Nacht – gefällt uns sehr gut. Nach dem Backen nur noch auseinanderschneiden, fertig. – Kirsten

Für 12 Stücke

3 feste, knackige Birnen, z. B. Sorte Alexander, geschält, entkernt und fein gehackt

125 ml Ahornsirup

20 g kandierter Ingwer, gehackt

1 Ei, mit 1 EL Wasser leicht verquirlt

2 EL Demerarazucker

Mürbeteig

400 g Mehl

55 g Zucker

¼ TL feines Meersalz

250 g kalte Butter, in 2 cm große Würfel geschnitten

2 EL Apfelessig, unter 160 ml kaltes Wasser mit 4 Eiswürfeln gerührt

Für den Mürbeteig Mehl, Zucker und Salz in einer Schüssel mischen. Die gewürfelte Butter zugeben und mit der Teigkarte in die Mehlmischung einarbeiten. Dabei darauf achten, dass größere Butterstückchen erhalten bleiben, damit der Teig besonders locker-flockig wird. Das Essigwasser in drei Etappen zufügen und mit den Händen untermischen, bis die Zutaten zu einem groben Teig zusammenkommen. Den Teig in zwei Portionen teilen, von denen die eine doppelt so groß ist wie die andere, zu Scheiben formen, in Frischhaltefolie wickeln und 3 Stunden im Kühlschrank ruhen lassen.

Das kleinere Stück Teig auf der leicht bemehlten Arbeitsfläche zu einem Rechteck à 32 cm × 26 cm ausrollen und auf ein mit Backpapier ausgelegtes Backblech legen. Das größere Stück Teig zu einem Rechteck ausrollen, das 6 cm breiter ist, und auf ein zweites, mit Backpapier ausgelegtes Backblech legen. Im Kühlschrank 1 Stunde ruhen lassen.

Inzwischen Birnen, Ahornsirup und Ingwer in einem Topf mischen und unter gelegentlichem Rühren etwa 25 Minuten köcheln lassen, bis die Früchte weich sind. Vom Herd nehmen und vollständig abkühlen lassen.

AUF DIE HAND

Die abgekühlte Füllung in sechs Portionen mit gleichmäßigen Abständen auf die kleinere Teigplatte setzen. Die größere Teigplatte darauflegen und um die Füllung herum jeweils sorgfältig andrücken, um die individuellen Kuchenstücke voneinander abzugrenzen. Mit einem Lineal oder einem stumpfen Messer jeweils eine Kerbe in den Teig zwischen den einzelnen Portionen drücken. Die Oberfläche mit dem verquirlten Ei bestreichen und mit dem Demerarazucker bestreuen. Im Kühlschrank 30 Minuten ruhen lassen. Den Backofen auf 200 °C vorheizen.

Den Kuchen im Ofen in 40 Minuten goldbraun backen. Leicht abkühlen lassen und dann mithilfe eines Messers entlang der Einkerbungen in einzelne Portionen aufteilen.

S'more-Muffins

Als Kind liebte ich die Beschreibungen von S'mores in amerikanischen Romanen. Manchmal durften wir zu einem Becher ungesüßtem Kakao zwar ein paar Marshmallows essen, S'mores hätte es bei uns zu Hause aber niemals gegeben. Hier meine Version des klassischen amerikanischen Lagerfeuer-Desserts. Nach dem Shooting habe ich diese Muffins mit zu meinem Partner Simon genommen. Wir saßen zwar nicht am Lagerfeuer und sangen dazu ein paar Lieder, als wir sie genossen, sondern standen mit einem Glas Rotwein um Mitternacht in der Küche und verschlangen die Pies. Aber wenn Sie mich fragen, war das genauso schön. – Phoebe

Ergibt 6 Stück

250 g Shortbread-Biscuits (oder Heidesandplätzchen)

½ TL gemahlener Ingwer

70 g Butter, zerlassen und abgekühlt

200 g Zartbitterschokolade, gehackt

200 g Sahne

2 Eiweiß

150 g Zucker

50 g Marshmallows, gehackt

Shortbread und Ingwer in der Küchenmaschine mit der Impulsstufe fein zerkrümeln. Die Butter zufügen und ebenso untermischen, sodass Streusel entstehen. Die Streusel in den Vertiefungen einer Muffinform für sechs Muffins mit 80 ml Fassungsvermögen verteilen, an Böden und Seiten gleichmäßig andrücken und im Kühlschrank ruhen lassen.

Die Schokolade in eine hitzebeständige Schüssel geben. Die Sahne in einem mikrowellenfesten Gefäß auf hoher Stufe bis zum Siedepunkt erhitzen (oder in einem Topf auf dem Herd bei mittlerer Hitze). Die heiße Sahne über die Schokolade gießen und umrühren, bis die Schokolade geschmolzen und eine glatte, seidige Ganache entstanden ist. Die Ganache gleichmäßig auf die Keksböden in den Muffinmulden verteilen und etwa 2 Stunden kühl stellen, bis sie fest geworden ist.

Für das Topping Eiweiße und Zucker in einer hitzebeständigen Schüssel über einem siedenden Wasserbad (die Schüssel darf das Wasser nicht berühren) mit dem Schneebesen etwa 10 Minuten aufschlagen, bis der Zucker sich aufgelöst hat und der Eischnee in dicken Bändern vom Schneebesen läuft. Die Marshmallows unterrühren, bis sie sich aufgelöst haben. Mit dem Handrührgerät aufschlagen, bis die Masse vollständig abgekühlt ist. Auf der Ganache verteilen und vorsichtig mit dem Flambierer karamellisieren. Alternativ unter dem heißen Ofengrill 1–2 Minuten bräunen. Sofort servieren.

Hinweis: Damit sich die Pies leichter aus den Muffinförmchen lösen lassen, zwölf 1 cm breite Backpapierstreifen ausschneiden und jeweils zwei über Kreuz auf den Boden der einzelnen Vertiefungen legen, sodass sie an den Seiten hervorstehen, bevor man sie mit dem Teig auslegt. Die fertigen Pies können dann an diesem Kreuz herausgehoben werden.

Stapeltorte

Ich habe eine Schwäche für Stapeltorte, eine Spezialität aus den Südstaaten Amerikas. Sie kam auf, als Kirchgänger, die zu Veranstaltungen Kuchen mitbringen wollten, diese aufeinanderstapelten, um sie besser transportieren zu können. Zum Servieren wurden die gestapelten Kuchen dann wie Schichttorten in Portionen geschnitten. Die Anfänge waren also eher eine praktische Lösung als ein spezifisches Dessert. In diesem Rezept verleihen saure Sahne und Himbeeren der Torte eine frische Note. Gewidmet ist es unseren Kollegen vom Magazin *Feast*: Anita, Lara, Dan, Alix, Rachel, Eloise und Dylan – die alle unsere Liebe für diese heroische Torte teilen. – Phoebe

Für 4 Stücke

1 Portion Vanillemürbeteig (s. S. 7), 3 mm dünn ausgerollt

60 g Butter, zerlassen und abgekühlt

220 g Zucker

1 EL feiner Maisgrieß (Polenta)

2 Eier

2 EL Sahne

2 TL Apfelessig

Mark von ¼ Vanilleschote

160 g saure Sahne (18% Fett) oder 160 g Schmand

2 EL gefriergetrocknete Himbeeren, zerbröckelt, zum Servieren

Aus dem Mürbeteig sechs Kreise (ø 15 cm) ausstechen und sechs Tarteformen (ø 11 cm) mit gewelltem Rand damit auslegen. Überstehenden Teig sauber abschneiden. Im Kühlschrank 2 Stunden ruhen lassen.

Den Backofen auf 200 °C vorheizen. Den Teig in den Tarteformen mit Backpapier und getrockneten Hülsenfrüchten abdecken. Im Ofen 20 Minuten blindbacken, bis der Teig hellgolden ist. Hülsenfrüchte und Backpapier entfernen und die Böden weitere 5 Minuten backen, bis der Teig goldbraun und trocken ist. Aus dem Ofen nehmen und vollständig abkühlen lassen. Die Ofentemperatur auf 150 °C reduzieren.

Butter, Zucker, Grieß, Eier, Sahne, Essig und Vanillemark in einer Schüssel glatt rühren. Die Masse auf den blindgebackenen Teigböden verteilen. Auf einem Backblech in den Ofen schieben und etwa 18 Minuten backen, bis die Masse gerade eben gestockt ist. Vollständig abkühlen und dann im Kühlschrank 2 Stunden ruhen lassen.

Auf der Oberfläche jeder Tarte 1 gehäuften EL saure Sahne verstreichen und jeweils drei Tartes aufeinanderstapeln, um zwei Stapeltorten zu erhalten. Die Himbeeren auf die saure Sahne streuen und die Torten zum Servieren halbieren.

Schokoladen-Kirsch-Pithiviers

Französische Pithiviers sind runde Blätterteigtaschen. In der Mitte haben sie einen kleinen Buckel und die Ränder werden zusammengedrückt, damit die Füllung nicht aus dem Teig quillt. Die »Buckel« unserer kleinen Pies sind mit der beliebten Kombination von Kirschen und Schokolade gefüllt. – Kirsten

Ergibt 12 Stück

6 Lagen Blätterteig (TK, insgesamt 1 kg), aufgetaut, nach Bedarf 2 mm dünn ausgerollt

100 g Zartbitterschokolade, gehackt

100 g gemahlene Mandeln

1 EL hochwertiges Kakaopulver

160 g Kirschkonfitüre

150 g feiner brauner Zucker

1 Ei plus 1 Eigelb

25 g weiche Butter

1 Ei, mit 1 EL Wasser verquirlt

Zwei Backbleche mit Backpapier auslegen. Aus dem ausgerollten Blätterteig 12 Kreise à 9 cm und 12 Kreise à 10 cm ausstechen. Die Teigkreise auf die vorbereiteten Backbleche legen und die größeren Kreise in der Mitte mit 6 mm Abstand mehrmals einschneiden (den Teig aber nicht ganz durchtrennen) und dabei rundherum jeweils einen 1 cm breiten Rand intakt lassen. Die Teigkreise auf den Backblechen im Gefrierschrank ruhen lassen.

Inzwischen Schokolade, Mandeln und Kakaopulver in der Küchenmaschine fein mixen, sodass die Zutaten gut vermischt sind. Konfitüre, Zucker, Ei, Eigelb und Butter zufügen und mixen, bis eine glatte, dicke Paste entstanden ist. Den Backofen auf 200 °C vorheizen.

Die Backbleche mit den Teigkreisen aus dem Gefrierschrank nehmen und in die Mitte der 9 cm großen Kreise jeweils 1 gehäuften EL der Füllung setzen, sodass rundherum ein 1 cm breiter Rand frei bleibt. Den Rand mit etwas verquirltem Ei bestreichen und je einen der größeren Teigkreise mit der eingeschnittenen Seite nach oben über die Füllung legen. Die Ränder sauber aufeinanderlegen und zum Versiegeln sorgfältig andrücken. Die Oberfläche mit dem verquirlten Ei bestreichen. Im Ofen in 20 Minuten goldbraun backen.

Pfirsich-Blätterteig-Quadrate mit Karamellsauce

Pfirsich und italienische Amaretti-Kekse sind eine fantastische Kombination – als würde ich Amarettis nicht schon so gerne essen! Auf einer Dinnerparty serviert man diese kleinen Quadrate am besten mit einem ordentlichen Klecks Mascarpone, um den Genussfaktor noch zu erhöhen. – Phoebe

Ergibt 4 Stück

1 Lage Blätterteig (TK, insgesamt 165 g), aufgetaut, nach Bedarf 2 mm dünn ausgerollt, in 4 Quadrate geschnitten

4 Amaretti-Kekse, zerkrümelt

2 weiße Pfirsiche, entsteint und in feine Scheiben geschnitten

1 EL feiner brauner Zucker, in 1 EL kochendem Wasser aufgelöst

Karamellsauce

50 g feiner brauner Zucker

50 g Butter

60 g Sahne

Den Backofen auf 200 °C vorheizen. Die Teigquadrate auf ein mit Backpapier ausgelegtes Backblech legen und die Amaretti-Krümel daraufstreuen, sodass rundherum jeweils ein 1 cm breiter Rand frei bleibt.

Die Pfirsichscheiben auf den Teigquadraten verteilen und mit dem Zuckerwasser bestreichen. Anschließend im Ofen in 18 Minuten goldbraun backen.

Inzwischen die Karamellsauce zubereiten. Dafür alle Zutaten in einem Topf unter Rühren erhitzen, bis eine goldbraune, dicke Sauce entstanden ist. Auf Raumtemperatur abkühlen lassen und zum Servieren über die Quadrate träufeln.

Hinweis: Wer Amaretti nicht mag, kann stattdessen zerkrümelte Ingwerplätzchen oder zerkrümeltes Shortbread verwenden.

Bratapfeltaschen

Diese kleinen Teigtaschen sind wie Apfelkuchen und Donut in einem. Der knusprig frittierte Teig und die karamellisierten Äpfel sind eine verdammt starke Kombination, und die feine Zimtglasur sorgt für das perfekte Finish. Ich habe diese Bratapfeltaschen einmal zu einem Picknick mitgebracht, und sie waren in null Komma nichts weg. Sie sind nicht lange haltbar, sollten also am Tag der Zubereitung gegessen werden (aber das wird kein Problem sein). – Phoebe

Ergibt 6 Stück

Mürbeteig

600 g Mehl

¼ TL feines Meersalz

200 g kalte Butter, in Würfel geschnitten

300 ml kalte Milch

1 EL Apfelessig

Apfelfüllung

40 g Butter

250 g Muscovadozucker

1 TL gemahlener Zimt

4 Äpfel (etwa 650 g), geschält, entkernt und in feine Ringe geschnitten

1 Ei, leicht verquirlt

Pflanzenöl, zum Frittieren

Zimtglasur

90 g Puderzucker

25 g Butter, zerlassen

1½ EL Milch

½ TL gemahlener Zimt

Für den Mürbeteig Mehl und Salz in einer Schüssel mischen. Die gewürfelte Butter zugeben und grob in das Mehl einarbeiten. Milch und Essig untermischen, den Teig kurz durchkneten und zu einer Scheibe formen. In Frischhaltefolie gewickelt im Kühlschrank 3 Stunden ruhen lassen.

Für die Apfelfüllung die Butter mit Zucker, Zimt und 2 TL Wasser in einem Topf bei schwacher Hitze zerlassen. Die Apfelringe darin in mehreren Portionen in etwa 10 Minuten weich dünsten. Mit der Schaumkelle aus dem Sirup heben und abkühlen lassen. Den Sirup 1 Minute weiterköcheln und andicken lassen. Beiseitestellen.

Den Teig auf der leicht bemehlten Arbeitsfläche ausrollen und je sechs Kreise (ø 10 cm, ø 11 cm) ausstechen. In die Mitte der kleineren Teigkreise je 4 Apfelringe legen und mit 1 TL Sirup bestreichen. Auf den Rand rundherum das verquirlte Ei streichen, die Füllung mit einem größeren Kreis abdecken und die Ränder zusammendrücken.

Einen hohen Topf zur Hälfte mit Pflanzenöl füllen. Das Öl auf 170 °C erhitzen. (Ist kein Küchenthermometer vorhanden, einen kleinen Brotwürfel in das heiße Öl geben. Wenn das Öl zischt und das Brot in 20 Sekunden goldbraun ist, ist das Öl heiß genug.) Die Bratapfeltaschen in drei Etappen von beiden Seiten in je 4 Minuten goldbraun frittieren. Mit der Schaumkelle aus dem Öl heben und auf Küchenpapier abtropfen und leicht abkühlen lassen.

Für die Zimtglasur alle Zutaten in einer Schüssel glatt rühren. Die noch warmen Teilchen hineintauchen und auf einem Kuchengitter abtropfen lassen. Lauwarm servieren.

Tahin-Honig-Tartelettes

Als ich klein war, gab es als Snack zwischendurch häufig Tahin und Honig zwischen Reiswaffeln. Damals verdrehte ich die Augen und grummelte vor mich hin, heute liebe ich diese Geschmackskombination. Die Inspiration für dieses Rezept stammt von einem Food-Trend, den ich ebenfalls liebe: dekadente vegane Schokolade mit viel Kokosöl, Nüssen und natürlichen Süßstoffen. Für meine Tartelettes verwende ich echte Schokolade, denn ich kann ihr einfach nicht widerstehen, aber ich liebe die »gesunden« Aromen zum buttrigen Mürbeteig. – Phoebe

Für 4 Stück

4 EL Tahin (Sesammus)

220 g blanchierte Mandeln

200 g weiße Schokolade, gehackt

2 EL Kokosöl

40 g Kokosraspel

2 EL Honig, zum Servieren

1 EL schwarze Sesamsamen, zum Servieren

Mürbeteig

200 g Mehl

55 g Zucker

¼ TL feines Meersalz

125 g kalte Butter, in 2 cm große Würfel geschnitten

2 TL Apfelessig, unter 80 ml kaltes Wasser mit 4 Eiswürfeln gerührt

Für den Mürbeteig Mehl, Zucker und Salz in einer Schüssel mischen. Die gewürfelte Butter zugeben und mit der Teigkarte in die Mehlmischung einarbeiten. Dabei darauf achten, dass größere Butterstückchen erhalten bleiben, damit der Teig besonders locker-flockig wird. Das Essigwasser in drei Etappen zufügen und mit den Händen untermischen, bis die Zutaten zu einem groben Teig zusammenkommen (vielleicht wird nicht das ganze Essigwasser benötigt). Den Teig zu einer Scheibe formen, in Frischhaltefolie wickeln und im Kühlschrank 3 Stunden ruhen lassen.

Den Teig auf der leicht bemehlten Arbeitsfläche 3 mm dünn ausrollen und vier 2 cm tiefe, ovale Förmchen (ø 10 cm) damit auslegen. Überstehenden Teig am Rand sauber abschneiden. Im Kühlschrank 2 Stunden ruhen lassen.

Den Backofen auf 200 °C vorheizen. Den Teig in den Förmchen mit Backpapier und getrockneten Hülsenfrüchten abdecken. Im Ofen 20 Minuten blindbacken. Hülsenfrüchte und Backpapier entfernen und die Teigböden weitere 5 Minuten backen, bis sie goldbraun sind und sich trocken anfühlen. Vollständig abkühlen lassen.

Inzwischen Tahin, Mandeln, Schokolade, Kokosöl und Kokosraspel in der Küchenmaschine glatt pürieren. Die Füllung in den abgekühlten Teigböden verteilen und die Tartelettes 2 Stunden im Kühlschrank ruhen lassen. Zum Servieren mit dem Honig beträufeln und mit den Sesamsamen bestreuen.

kalt

Crème-brûlée-Tarte mit Honig und Ingwer

Diese Tarte löste einen regelrechten Rausch bei unseren Familien aus, der sich in zahlreichen SMS, Anrufen und Bitten nach mehr manifestierte. Mein Schwager Lewis simste einfach »O M freaking G« und meine kleine Schwester Ali inhalierte in wenigen Sekunden zwei Stück der Tarte, während am anderen Ende der Stadt Kirstens Partner Georgie ausrief: »Ich weine vor Glück!« Diese cremige Tarte mit knuspriger Kruste und leicht scharfer Note ist inspiriert von den fabelhaften Ingwer-brûlée-Häppchen der *Bourke Street Bakery* (Sydney). Statt mit dem Flambierer kann die Tarte auch unter dem heißen Ofengrill karamellisiert werden.

— Phoebe

Für 8 Stücke

370 g Ingwerkekse

100 g Butter, zerlassen und abgekühlt

175 g Honig

Mark von 1 Vanilleschote

600 g Sahne

110 g kandierter Ingwer, gehackt

6 Eigelb

3 TL Speisestärke

55 g Zucker

Die Kekse in der Küchenmaschine zerkrümeln. Die zerlassene Butter zufügen und mit der Impulsstufe untermischen, bis Streusel entstanden sind.

Die Streusel in einer Tarteform (ø 24 cm) mit gewelltem Rand und herausnehmbarem Boden verteilen und an Boden und Seiten andrücken. Im Gefrierschrank 1 Stunde ruhen lassen.

Honig, Vanillemark, Sahne und Ingwer in einem Topf mischen und unter Rühren bis zum Siedepunkt erhitzen (nicht aufkochen). Beiseitestellen und 30 Minuten ziehen lassen.

Den Backofen auf 150 °C vorheizen. In einer hitzebeständigen Schüssel Eigelbe und Speisestärke mit dem Schneebesen glatt rühren, bis eine helle Masse entstanden ist. Die Sahnemischung wieder bis zum Siedepunkt erhitzen und unter Rühren langsam in die Eigelbmasse gießen. Die Mischung in einen sauberen Topf geben und unter ständigem Rühren etwa 6 Minuten bei schwacher bis mittlerer Hitze erwärmen, bis die Masse angedickt ist. Durch ein feines Sieb in eine Schüssel streichen.

Die Masse auf dem Keksboden verteilen und im Ofen 30 Minuten backen, bis sie am Rand gestockt ist, in der Mitte aber noch leicht wackelt. Auf Raumtemperatur abkühlen lassen, dann im Kühlschrank 4 Stunden ruhen lassen.

Zum Servieren mit dem Zucker bestreuen und mit dem Flambierer karamellisieren.

Schokoladen-Orangen-Kuchen

Diese tolle Kreation ist zum Teil inspiriert von einem genialen Dessert, das wir im Restaurant *Ester* in Chippendale, Sydney, aßen. Auf Instagram wurde *Ester* für das Dessert »Burnt Pav« berühmt – weiche Baisermasse, die in einem heißen Holzkohleofen gebacken wird, sodass sie außen leicht anbrennt und innen locker und fluffig bleibt. – Kirsten

Für 12 Stücke

⅓ Portion Schokoladenmürbeteig (s. S. 7), 3 mm dünn ausgerollt

500 g Sahne

300 g Zartbitterschokolade, gehackt

6 Eier, getrennt

310 g Zucker

35 g Speisestärke

170 g Bitterorangenmarmelade

1 Prise Salz

35 g hochwertiges Kakaopulver

Den Backofen auf 200 °C vorheizen. Eine rechteckige Form (26 cm × 17 cm) mit dem Teig auslegen, diesen mit Backpapier und getrockneten Hülsenfrüchten abdecken. Im Ofen 15 Minuten blindbacken. Hülsenfrüchte und Backpapier entfernen und den Teig weitere 10 Minuten backen, bis er sich trocken anfühlt. Auf Raumtemperatur abkühlen lassen. Die Ofentemperatur auf 180 °C reduzieren.

Sahne und Schokolade in einem Topf unter Rühren bei mittlerer Hitze erwärmen, bis die Schokolade geschmolzen ist. Vom Herd nehmen.

In einer Schüssel Eigelbe, 145 g Zucker und Speisestärke mit dem Schneebesen schaumig schlagen. Die Schokoladenmasse unter Rühren allmählich zufügen. Die Masse in einen sauberen Topf füllen und bei schwacher bis mittlerer Hitze unter ständigem Rühren etwa 5 Minuten glatt rühren. Vom Herd nehmen und abkühlen lassen.

Die Marmelade auf dem blindgebackenen Teigboden verstreichen. Die Schokoladenmasse daraufgießen. Im Ofen 20 Minuten backen, bis die Masse gestockt ist, in der Mitte aber noch leicht wackelt. Auf Raumtemperatur abkühlen, dann im Kühlschrank 3 Stunden fest werden lassen.

Kurz vor dem Servieren die Eiweiße mit dem Salz in der Küchenmaschine steif schlagen, den restlichen Zucker (165 g) dabei esslöffelweise zufügen. Abschließend das Kakaopulver kurz untermischen. Auf dem Kuchen verteilen und mit dem Flambierer oder unter dem Ofengrill bräunen.

Ricotta-Tarte mit Lemon Curd und Mohnsamen

Mohn und Zitrusfrüchte sind wie füreinander bestimmt. In Australien ist Orangenkuchen mit Mohnsamen sehr beliebt, doch haben wir die Orangen für dieses Rezept durch Zitronen in Form von Lemon Curd ersetzt. Der herzhafte Ricotta auf dem knusprigen Keksboden ergibt zusammen mit dem säuerlich-süßen Lemon Curd eine fabelhaft köstliche Tarte. – *Kirsten*

Für 8 Stücke

- 325 g Hafer- oder Butterkekse
- 125 g Butter, zerlassen und abgekühlt
- 350 g Ricotta
- 250 g Frischkäse, glatt gerührt
- 75 g Zucker
- 1 TL Speisestärke
- 2 Eier
- 200 g Lemon Curd (Zitronencreme)
- 3 TL Mohnsamen

Den Backofen auf 200 °C vorheizen. Die Kekse in der Küchenmaschine zu Krümeln verarbeiten. Die Butter zufügen und mit der Impulsstufe untermischen, bis Streusel entstanden sind.

Die Streusel in eine Tarteform (ø 22 cm) mit gewelltem Rand geben, gleichmäßig an Boden und Seiten andrücken und im Ofen in 10 Minuten goldbraun backen. Aus dem Ofen nehmen und abkühlen lassen. Die Ofentemperatur auf 160 °C reduzieren.

Ricotta und Frischkäse mit Zucker, Speisestärke und Eiern in der Küchenmaschine glatt rühren. Den Lemon Curd zufügen und mit der Impulsstufe untermischen. Abschließend die Mohnsamen unterheben. Die Masse auf dem gebackenen Keksboden verteilen und im Ofen 35 Minuten backen, bis die Füllung gestockt ist, in der Mitte aber noch leicht wackelt. Auf Raumtemperatur abkühlen und vor dem Servieren im Kühlschrank 2 Stunden ruhen lassen.

Tamarinden-Limetten-Kuchen mit Cashew-Salz-Karamell

Wir finden die Kombination von sauren und salzigen Aromen genial. Dieses Rezept hat all die Vorzüge einer Margarita, in Form eines Kuchens. Die Kombi hört sich vielleicht etwas seltsam an, aber sie funktioniert. Die Säure von Tamarinde und Limette bildet eine tolle Grundlage für den süß-salzigen Karamell. Keine Sorge, die säuerlich-scharfen Aromen dieses Kuchens werden von der Süße des Zuckers wunderbar entschärft. Er erinnert vielmehr an sehr guten Zitronenkuchen. – Kirsten

Für 12 Stücke

½ Portion Vanillemürbeteig (s. S. 7), 3 mm dünn ausgerollt

Saft von 2 Limetten

80 g Tamarindenpaste (Internethandel)

6 Eier

220 g Zucker

250 g Sahne

Cashew-Salz-Karamell

Öl aus dem Zerstäuber, zum Fetten

150 g Zucker

3 EL grob gehackte geröstete Cashewkerne

1 TL Meersalzflocken

Eine quadratische Form à 26 cm × 26 cm × 3 cm sorgfältig mit dem Teig auslegen und 30 Minuten im Gefrierschrank ruhen lassen.

Den Backofen auf 180 °C vorheizen. Überstehenden Teig sauber abschneiden, den Teigboden mit Backpapier und getrockneten Hülsenfrüchten abdecken. Im Ofen 15 Minuten blindbacken. Hülsenfrüchte und Backpapier entfernen und den Teigboden in weiteren 10 Minuten goldbraun backen. Beiseitestellen und abkühlen lassen. Die Ofentemperatur auf 160 °C reduzieren.

Limettensaft, Tamarindenpaste, Eier, Zucker und Sahne glatt rühren und 5 Minuten ziehen lassen. Die Masse auf dem blindgebackenen Teigboden verteilen und etwa 25 Minuten backen, bis die Füllung gestockt ist. Auf Raumtemperatur abkühlen lassen und dann kalt stellen.

Inzwischen ein Backblech mit Alufolie auslegen und mit Öl fetten. Den Zucker in einem sauberen Topf bei mittlerer bis starker Hitze schmelzen, ohne zu rühren. Nach etwa 3 Minuten, wenn der Zucker zu karamellisieren beginnt, den Topf immer wieder leicht schwenken und den Zucker noch weitere 3 Minuten erhitzen, bis ein goldbrauner Karamell entstanden ist. Die Cashewkerne zufügen und im Karamell schwenken. Die Masse gleichmäßig auf das vorbereitete Blech gießen und das Meersalz daraufstreuen. Etwa 30 Minuten ruhen lassen, bis der Karamell hart ist. In Stücke brechen und zum Kuchen servieren.

Eistorte à la Pfirsich Melba

In Australien ist Pfirsich Melba ein Dessertklassiker, der nie aus der Mode kommt. Es ist der absolute Geschmack des Sommers, mit fantastischen Pfirsichen, säuerlich-frischen Himbeeren und ganz normalem Vanilleeis. Dieses Rezept ist wirklich einfach, das Ergebnis sieht aber beeindruckend aus. Zwar habe ich wunderschöne frische Pfirsiche dazu serviert, die Granita habe ich aber mit Pfirsichen aus der Dose zubereitet. Insgeheim mag ich diese Pfirsiche nämlich gern, und als ich aufwuchs, gab es sie bei uns zu Hause auch oft, wenn das Obst gerade nicht Saison hatte. Tage, an denen es eine Schüssel Pfirsiche mit Vanilleeis zum Nachtisch gab, waren großartig. – Phoebe

Für 8 Stücke

220 g Zucker

150 g Himbeeren (frisch oder TK)

240 g Pfirsiche aus der Dose, abgetropft

650 g Vanilleeiscreme, leicht angetaut

frische Pfirsiche zum Servieren, in Spalten geschnitten

Biskuitboden

150 g weiche Butter

80 g Zucker

2 Eier

Mark von ½ Vanilleschote

2 EL griechischer Joghurt oder saure Sahne

150 g Mehl

1 TL Backpulver

Für die Granita den Zucker mit 500 ml Wasser in einem Topf unter Rühren erhitzen, bis der Zucker aufgelöst ist. Vom Herd nehmen und Himbeeren und Pfirsiche untermischen. Vollständig abkühlen lassen, dann in der Küchenmaschine zu einer stückigen Masse pürieren. Die Masse in einen 30 cm × 20 cm großen und 3 cm tiefen Kunststoffbehälter füllen und im Gefrierschrank 2 Stunden ruhen lassen. Die angefrorene Masse dann mit einer Gabel durchmischen. Erneut einfrieren und den Vorgang noch zweimal wiederholen.

Für den Biskuitboden den Backofen auf 160 °C vorheizen. Eine 4 cm tiefe runde Form (ø 22 cm) einfetten. Butter und Zucker mit dem Handrührgerät oder in der Küchenmaschine schaumig schlagen. Die Eier nacheinander vollständig untermischen, gefolgt von Vanillemark und Joghurt. Mehl und Backpulver zusammen in eine separate Schüssel sieben und dann unter die schaumige Masse heben. Die Masse in der vorbereiteten Form verteilen und im Ofen in etwa 40 Minuten goldbraun backen. Bleibt an einem hineingesteckten Holzstäbchen kein Teig mehr haften, ist der Boden fertig. Auf Raumtemperatur abkühlen lassen.

Die Eiscreme auf dem abgekühlten Biskuitboden verteilen und das Ganze 2 Stunden einfrieren, bis das Eis wieder fest ist. Mit Granita und frischen Pfirsichen servieren.

Yin und Yang

In gewisser Weise sind Kirsten und ich wie diese Tartes: Yin und Yang. Wir haben immer unterschiedliche Ideen und denken anders über die Dinge – und trotzdem passen wir gut zusammen. Symmetrie gefällt uns beiden. Die Vorstellung zweier deutlich kontrastierender Tartes in Schwarz und Weiß mochten wir sehr gerne. Pannacotta ist perfekt als Füllung dafür geeignet. In einer Kühltasche, gefüllt mit Eisblocks, lassen sich diese Tartes gut zu einem Sommerpicknick mitnehmen, aber auch als eleganter Abschluss einer Dinnerparty machen sie sich hervorragend. – Phoebe

Für 16 Stücke
Ergibt 2 Pies (Ø 18 cm)

Vanille-Pannacotta

½ Portion Vanillemürbeteig (s. S. 7), 3 mm dünn ausgerollt

3 Blatt Gelatine (Titanium, d. h. à 120 Bloom Gelierkraft)

850 g Sahne

110 g Zucker

Mark von 1 Vanilleschote

Puderzucker, zum Bestäuben

Schokoladen-Pannacotta

½ Portion Schokoladenmürbeteig (s. S. 7), 3 mm dünn ausgerollt

3 Blatt Gelatine (Titanium, d. h. à 120 Bloom Gelierkraft)

600 g Sahne

110 g Zucker

200 g Zartbitterschokolade, fein gehackt

hochwertiges Kakaopulver, zum Bestäuben

Eine runde Form (Ø 18 cm) mit dem Vanillemürbeteig und eine zweite, gleich große Form mit dem Schokoladenmürbeteig auslegen. Überstehenden Teig sauber abschneiden. Im Kühlschrank 30 Minuten ruhen lassen.

Den Backofen auf 200 °C vorheizen. Den Teig in beiden Formen jeweils mit Backpapier und getrockneten Hülsenfrüchten abdecken. Im Ofen 15 Minuten blindbacken. Hülsenfrüchte und Backpapier entfernen und den Teig weitere 10 Minuten backen, bis der Vanillemürbeteig goldbraun ist und beide Teigböden sich trocken anfühlen. Vollständig abkühlen lassen.

Für die Vanille-Pannacotta die Gelatineblätter in einer Schüssel mit eiskaltem Wasser 5 Minuten einweichen. Inzwischen Sahne, Zucker und Vanillemark in einem Topf bis zum Siedepunkt erhitzen. Dabei umrühren, damit sich der Zucker auflöst; vom Herd nehmen. Die eingeweichte Gelatine sorgfältig ausdrücken und unter Rühren in der Sahnemischung auflösen. Die Masse durch ein feines Sieb in eine saubere Schüssel gießen, auf Raumtemperatur abkühlen lassen und dann auf dem blindgebackenen Vanille-Teigboden verteilen. Im Kühlschrank 3 Stunden ruhen lassen, bis die Masse gestockt ist. Zum Servieren mit Puderzucker bestäuben.

Für die Schokoladen-Pannacotta die Gelatineblätter in einer Schüssel mit eiskaltem Wasser 5 Minuten einweichen. Inzwischen Sahne und Zucker in einem Topf bis zum Siedepunkt erhitzen. Dabei umrühren, damit sich der Zucker auflöst. Die Schokolade in eine hitzebeständige Schüssel füllen und die heiße Sahne darübergießen. Umrühren, bis die Schokolade geschmolzen und eine glatte Masse entstanden ist. Die eingeweichte Gelatine sorgfältig ausdrücken und unter Rühren in der Schokoladenmischung auflösen. Die Masse durch ein feines Sieb in eine saubere Schüssel streichen, auf Raumtemperatur abkühlen lassen und dann auf dem gebackenen Schokoladen-Teigboden verteilen. Im Kühlschrank 3 Stunden ruhen lassen, bis die Masse gestockt ist. Zum Servieren mit Kakaopulver bestäuben.

Banffy-Pie mit gesalzenen Erdnüssen

Wir nennen diese Banoffee Pie »Die Banffy-Pie«, da es meiner Mutter Cathy nicht gelang, sich »Banoffee« zu merken und sie stattdessen immer »Banffy« sagte. Was wir dazu sagen? Wir haben es uns gemerkt. Banffy-Pie kommt immer gut an, und die knackigen, gesalzenen Erdnüsse dazu sorgen dafür, dass die Pie die perfekte Balance von süß und salzig besitzt.
— Phoebe

Für 8 Stücke

320 g Shortbread-Biscuits (oder Heidesandplätzchen)

70 g Butter, zerlassen und abgekühlt

675 g Dulce de Leche oder 2 Dosen (à 395 g) gesüßte Kondensmilch

2 reife Bananen

330 g Sahne

100 g gesalzene geröstete Erdnüsse, gehackt

hochwertiges Kakaopulver, zum Bestäuben

Nach Belieben kann die Dulce de Leche selbst gemacht werden. Dafür das Etikett von den Kondensmilchdosen entfernen und mit dem Dosenöffner je zwei Löcher in den Deckel stechen. Die Dosen mit der eingestochenen Seite nach oben in einen Topf stellen und diesen mit Wasser füllen, sodass es bis 1 cm unter den oberen Rand der Dosen reicht. Bei starker Hitze zum Köcheln bringen, dann die Temperatur auf schwache bis mittlere Hitze reduzieren und das Wasser 3 Stunden sieden lassen. Immer wieder Wasser nachfüllen. Die Dosen vorsichtig aus dem Wasser heben und abkühlen lassen. Die Karamellmasse aus den abgekühlten Dosen herausschaben.

Das Shortbread in der Küchenmaschine zu Krümeln verarbeiten. Die Butter zufügen und mit der Impulsstufe untermischen, bis Streusel entstanden sind.

Die Streusel in einer 3 cm tiefen Pie-Form (ø 18 cm) verteilen und gleichmäßig an Boden und Seiten drücken.

Die Dulce de Leche gleichmäßig auf dem Streuselboden verteilen und das Ganze im Kühlschrank etwa 1 Stunde ruhen lassen, bis die Masse fest ist.

Die Bananen schälen, schräg in Scheiben schneiden und auf der Dulce de Leche arrangieren. Die Sahne steif schlagen und in großen Klecksen auf die Bananen setzen. Die Erdnüsse darauf verteilen und zum Servieren alles mit Kakaopulver bestäuben.

Chess-Pie mit Kaffee

»Chess-Pie« ist eine klassische Pie aus den Südstaaten Amerikas, basierend auf Zucker, Butter und Eiern. Sie bildet die Grundlage einer meiner Lieblingskuchen: Stapeltorte (s. S. 105). Für meine »Chess-Pie« verwende ich in der Regel Maisgrieß, um die Füllung zu stabilisieren, und ich bin ein großer Fan der Kombination von Kaffee und Schokolade in dieser Version. Die Textur ist weich und angenehm klebrig und der Kaffee reicht gerade eben aus, um die Süße des Zuckers abzufedern. Meine Freundin Shannon lebt besonders gesund und sie liebt diese Pie. Ich verrate ihr einfach nicht, dass sie auch als »Sugar Pie« bekannt ist. – Phoebe

Für 8 Stücke

400 g Schokoladenkekse

85 g Butter, zerlassen und abgekühlt

Füllung

220 g Zucker

3 Eier

80 g feiner Maisgrieß (Polenta)

60 ml starker Kaffee

100 g Sahne

60 g Butter, zerlassen und abgekühlt

Mark von ½ Vanilleschote

Die Kekse in der Küchenmaschine zu feinen Krümeln verarbeiten. Die Butter zufügen und mit der Impulsstufe untermischen, bis Streusel entstanden sind. Die Streusel in eine Tarteform (ø 23 cm) mit gewelltem Rand und herausnehmbarem Boden geben. Gleichmäßig auf dem Boden und an den Seiten verteilen und andrücken. Im Kühlschrank ruhen lassen, während die Füllung zubereitet wird.

Den Backofen auf 160 °C vorheizen. Für die Füllung Zucker, Eier, Maisgrieß, Kaffee, Sahne, Butter und Vanillemark mit dem Handrührgerät glatt rühren. Die Mischung auf den Streuselboden gießen und im Ofen 50 Minuten backen, bis die Füllung am Rand gestockt ist, in der Mitte aber noch leicht wackelt, wenn man sanft an der Form rüttelt. Auf Raumtemperatur abkühlen lassen und dann im Kühlschrank mindestens 2 Stunden ruhen lassen.

Zitronenkuchen

Zitronen sind in meiner Küche eine essenzielle Zutat. Die Früchte betonen die Aromen anderer Zutaten, sie würzen und gleichen aus, sie verleihen cremigen Speisen eine frische Note und sie können im Ganzen verwendet werden, zum Beispiel in Form eingelegter Zitronen. Ich kann mich noch an das erste Mal erinnern, dass Phoebe dieses Rezept zubereitet hat: Ich sah zu, wie sie die Zitronen in feine Scheiben schnitt und mit Zucker bedeckte, um sie über Nacht ziehen zu lassen. Ich muss gestehen, dass ich meine Zweifel an dem Rezept hatte und es für ziemlich unwahrscheinlich hielt, dass mir das Ergebnis gefallen würde. Nun ja, da lag ich falsch. Durch das ziehen lassen im Zucker, bekommen die Zitronen beim Backen eine konfitüreartige Konsistenz, die wunderbar zum Mürbeteigboden passt. Wenn Sie wie ich ein großer Zitronenfan sind, sollten Sie dieses Rezept unbedingt ausprobieren. – *Kirsten*

Für 8 Stücke

2 Bio-Zitronen, in feine Scheiben geschnitten

440 g Zucker

60 g Butter, zerlassen und abgekühlt

3 Eier, leicht verquirlt

flüssige Sahne, zum Servieren

Mürbeteig

200 g Mehl

3 EL Zucker

1 Prise feines Meersalz

125 g kalte Butter, in Würfel geschnitten

2 TL Apfelessig, unter 80 ml Wasser mit 4 Eiswürfeln gerührt

In einer großen Schüssel die Zitronenscheiben sorgfältig mit dem Zucker mischen. Mit Frischhaltefolie abdecken und über Nacht ziehen lassen.

Für den Mürbeteig Mehl, Zucker und Salz in einer Schüssel mischen. Die gewürfelte Butter zugeben und mit der Teigkarte in die Mehlmischung einarbeiten. Dabei darauf achten, dass größere Butterstückchen erhalten bleiben, damit der Teig besonders locker-flockig wird. Das Essigwasser in drei Etappen zufügen und mit den Händen untermischen, bis die Zutaten zu einem groben Teig zusammenkommen (vielleicht wird nicht das gesamte Essigwasser benötigt). Den Teig zu einer Scheibe formen, in Frischhaltefolie wickeln und im Kühlschrank 3 Stunden oder über Nacht ruhen lassen.

Den Teig auf der leicht bemehlten Arbeitsfläche zu einem 36 cm × 30 cm großen Rechteck ausrollen und eine 32 cm × 25 cm große Auflaufform damit auslegen. Im Kühlschrank 30 Minuten ruhen lassen.

Den Backofen auf 160 °C vorheizen. Zerlassene Butter und Eier in einer Schüssel glatt rühren und die Zitronenmischung unterheben. Auf dem Teigboden verteilen und im Ofen in 40 Minuten goldbraun backen. Abkühlen lassen und dann mit Sahne beträufelt servieren.

Kokos-Pie mit Wassermelone und Minze

Wenn wir von Pie reden, denken glaube ich alle an etwas Heißes, Gebackenes – an Teig, Obst, Schokolade, Karamell usw. Also wollten wir den Horizont erweitern und Ihnen ein paar leichte, sommerliche Rezepte präsentieren, die nicht unbedingt gebacken werden müssen und sich hervorragend als Desserts bei warmem Wetter machen. Diese Pie enthält die üblichen Verdächtigen des Sommers: Kokosnuss, Wassermelone und Minze. Ich liebe die Kombination der samtigen Kokoscreme mit dem eiskalten Sorbet. – Kirsten

Für 10 Stücke

3 Blatt Gelatine (Titanium, d. h. à 120 Bloom Gelierkraft)

500 g Sahne

400 ml Kokoscreme (ungesüßt)

100 g Zucker

Wassermelonensorbet, zum Servieren

3 EL Kokosflocken, zum Servieren

2 EL frische Minzeblätter, zum Servieren

Boden

250 g Shortbread-Biscuits (oder Heidesandplätzchen oder Butterkekse)

70 g Butter, zerlassen und abgekühlt

50 g Kokosraspel

1 Prise feines Meersalz

Für den Boden das Shortbread in der Küchenmaschine zu feinen Krümeln verarbeiten. Butter, Kokosraspel und Salz zufügen und mit der Impulsstufe untermischen, bis Streusel entstanden sind. Die Streusel in einer 4 cm tiefen Pie-Form (ø 23 cm) verteilen, gleichmäßig an Boden und Seiten andrücken und im Kühlschrank ruhen lassen, während die Füllung zubereitet wird.

Die Gelatineblätter 5 Minuten in einer Schüssel mit eiskaltem Wasser einweichen. Inzwischen in einem Topf Sahne, Kokoscreme und Zucker unter Rühren erhitzen, bis der Zucker sich aufgelöst hat. Bis zum Siedepunkt erhitzen und dann vom Herd nehmen. Die eingeweichte Gelatine sorgfältig ausdrücken, in die Sahnemischung geben und umrühren, bis sie sich aufgelöst hat. Die Mischung durch ein feines Sieb in eine saubere Schüssel streichen und dann auf den gekühlten Shortbread-Boden gießen. Im Kühlschrank 4 Stunden ruhen lassen, bis die Masse geliert ist. Mit Wassermelonensorbet servieren, bestreut mit den Kokosflocken und garniert mit den Minzeblättchen.

Hinweis: Statt Wassermelonensorbet sind auch andere (tropische) Sorbetsorten geeignet, z. B. Mango oder Ananas, aber auch Beeren.

Ricotta-Dattel-Tarte mit Orangenblütenwasser

Diese Tarte steht kurz davor, mein absolutes Lieblingsrezept in diesem Buch zu sein. Ich liebe die klassische nahöstliche Kombination von Orangenblütenwasser und Datteln. Dank der natürlichen Süße der Datteln muss die Füllung nicht groß gesüßt werden. Das Muster auf der Oberfläche der Tarte gefällt mir auch gut. Vor einiger Zeit hatten wir ein Bild von einem Käsekuchen gesehen, auf dem es schien, als wäre die Käsemasse spiralförmig auf den Teigboden gespritzt und dann wunderbar goldbraun gebacken worden. Doch dann erkannten wir, dass das Muster nicht durch Spritztechnik entstanden war, sondern dadurch, dass der frisch aus dem Ofen kommende Kuchen zum Abkühlen auf ein rundes Kuchengitter gestürzt worden war. Wir konnten unsere Tarte wegen des Keksbodens nicht stürzen und entschieden uns daher dafür, ein Kuchengitter auf die Oberfläche zu legen und leicht zu beschweren, sodass sich das Karomuster auf die Tarte überträgt. Natürlich ist das kein essenzieller Arbeitsschritt für dieses Rezept, aber ich finde, dadurch entsteht ein derart toller Blickfang, dass man verrückt wäre, darauf zu verzichten.

– Kirsten

Für 8 Stücke

300 g Shortbread-Biscuits (oder Heidesandplätzchen)

80 g Butter, zerlassen und abgekühlt

500 g Ricotta

250 g zimmerwarmer Frischkäse

170 g Zucker

2 Eier

2 TL Orangenblütenwasser

Mark von ½ Vanilleschote

8 Datteln, entsteint und gehackt

Das Shortbread in der Küchenmaschine zu feinen Krümeln verarbeiten. Die Butter zufügen und mit der Impulsstufe untermischen, bis Streusel entstanden sind. Die Streusel gleichmäßig in einer Tarteform (ø 17 cm) verteilen und auf dem Boden und an den Seiten andrücken. Im Kühlschrank ruhen lassen, während die Füllung zubereitet wird.

Die Schüssel der Küchenmaschine spülen und trocknen. Ricotta, Frischkäse und Zucker darin glatt rühren. Eier, Orangenblütenwasser und Vanillemark zufügen und gut rühren, bis eine glatte Masse entstanden ist.

Den Backofen auf 180 °C vorheizen. Die Datteln auf dem gekühlten Streuselboden verteilen und die Ricottamasse darübergießen. Im Ofen 50 Minuten backen, bis die Oberfläche goldbraun ist und sich fest anfühlt. Den Ofen abschalten und die Tarte bei leicht geöffneter Ofentür darin in 30 Minuten langsam abkühlen lassen.

Aus dem Ofen nehmen, ein Kuchengitter auf die Oberfläche der warmen Tarte legen und mit einer Dose beschweren. Auf Raumtemperatur abkühlen und dann im Kühlschrank 2 Stunden ruhen lassen.

Mango-Vanilleeis-Auflauf

Dieser Auflauf ist eine Art extravaganter Mango Lassi. Denken Sie an dieses wunderbar kühle Getränk, das in indischen Restaurants serviert wird: reich an pürierter Mango und mit Kardamom abgeschmeckt. Wenn Sie mich fragen, dann sind Kardamom und tropische Früchte dafür bestimmt, zusammen aufzutreten. Richtig eingesetzt und zurückhaltend verwendet, sorgt Kardamom für ein tolles Geschmacksprofil. Man weiß nicht immer genau, was es ist, aber man mag es auf jeden Fall. Dieser Auflauf ist toll im Sommer – und ich kenne niemanden, der Eiscreme-Auflauf nicht mag. – *Kirsten*

Für 8 Stücke

500 g küchenfertiger Biskuitboden

1 TL gemahlene Kardamomsamen

600 g Vanilleeiscreme, leicht angetaut

2 Mangos, geschält, entsteint und in Scheiben geschnitten

Gewürzsirup

4 Kardamomkapseln

110 g Zucker

1 Vanilleschote, längs aufgeschnitten und das Mark herausgeschabt

Den Biskuitboden in 1 cm dicke Scheiben schneiden und eine rechteckige, 30 cm × 20 cm große Backform damit auslegen.

In einer Schüssel die gemahlenen Kardamomsamen gleichmäßig unter die Eiscreme mischen und das Ganze auf dem Biskuitboden verteilen. Im Gefrierschrank 2 Stunden ruhen lassen, bis das Eis wieder fest geworden ist.

Für den Gewürzsirup Kardamomkapseln, Zucker, Vanillemark und -schote mit 125 ml Wasser in einem Topf unter Rühren erhitzen, bis der Zucker sich aufgelöst hat. Zum Kochen bringen und 1 Minute köcheln lassen, dann vom Herd nehmen und vollständig abkühlen lassen. Vor dem Servieren den Sirup durch ein feines Sieb in eine kleine Kanne gießen.

Den gefrorenen Biskuitboden mit Eiscreme 20 Minuten vor dem Servieren aus dem Gefrierschrank nehmen. Die Mangoscheiben auf der Eiscreme arrangieren und abschließend den Gewürzsirup darüberträufeln.

Vanillepudding-Whiskey-Pie mit weißer Schokolade

In New York habe ich zum ersten Mal Whiskey getrunken und mache es seitdem immer wieder. Außerdem mische ich unheimlich gerne Whiskey unter die cremige Vanillepuddingfüllung von Pies. Diese Pie ist auf jeden Fall etwas für Erwachsene und macht sich gut auf Dinnerpartys im Winter oder als beeindruckendes Dessert für Weihnachten. – Phoebe

Für 8 Stücke

2 EL Vanillepuddingpulver

Mark von ½ Vanilleschote

2 EL Zucker

600 g Sahne, plus Sahne zum Servieren

100 g weiße Schokolade, gehackt

80 ml hochwertiger Whiskey

½ TL gemahlener Zimt, zum Servieren

Mürbeteig

200 g Mehl

55 g Zucker

¼ TL feines Meersalz

125 g kalte Butter, in 2 cm große Würfel geschnitten

2 TL Apfelessig, unter 80 ml kaltes Wasser mit 4 Eiswürfeln gerührt

Für den Mürbeteig Mehl, Zucker und Salz in einer Schüssel mischen. Die gewürfelte Butter zugeben und mit der Teigkarte in die Mehlmischung einarbeiten. Dabei darauf achten, dass größere Butterstückchen erhalten bleiben, damit der Teig besonders locker-flockig wird. Das Essigwasser in drei Etappen zufügen und mit den Händen untermischen, bis die Zutaten zu einem groben Teig zusammenkommen. Den Teig zu einer Scheibe formen, in Frischhaltefolie wickeln und im Kühlschrank 3 Stunden ruhen lassen.

Den Teig auf der leicht bemehlten Arbeitsfläche zu einem 3 mm dünnen Kreis ausrollen und eine Pie-Form (ø 22 cm) damit auslegen. Überstehenden Teig sauber abschneiden und die mit Teig ausgelegte Form 30 Minuten im Kühlschrank ruhen lassen.

Für die Füllung Puddingpulver, Vanillemark und Zucker in einer Schüssel mischen. Die Sahne unter ständigem Rühren allmählich zufügen. Die Mischung in einen Topf geben und unter Rühren etwa 6 Minuten bei schwacher bis mittlerer Hitze erwärmen, bis sie angedickt ist. Vom Herd nehmen und dann Schokolade und Whiskey unterrühren, bis die Schokolade geschmolzen ist.

Den Backofen auf 200 °C vorheizen. Den gekühlten Teigboden mit Backpapier und getrockneten Hülsenfrüchten abdecken. Im Ofen 20 Minuten blindbacken, bis der Teig hellgolden ist. Hülsenfrüchte und Backpapier entfernen und den Teigboden weitere 5 Minuten backen, bis er sich trocken anfühlt.

Aus dem Ofen nehmen und die Puddingfüllung auf den blindgebackenen Teigboden gießen. Die Ofentemperatur auf 140 °C reduzieren und die Pie etwa 45 Minuten backen, bis die Füllung am Rand gestockt ist, in der Mitte aber noch wackelt, wenn man leicht an der Pie-Form rüttelt. Auf Raumtemperatur abkühlen lassen und dann in den Kühlschrank stellen, bis die Pie vollständig gekühlt ist. Mit geschlagener Sahne und nach Belieben mit Zimt bestäubt servieren.

Joghurt-Walnuss-Granatapfel-Tarte

Als wir die Rezepte für dieses Buch zusammenstellten, hatten wir bereits eine ziemlich genaue Vorstellung davon, was wir sehen wollten, trotzdem fragten wir Freunde und Familie, was sie sich von einem Backbuch erwarten würden, das ausschließlich süßem Gebäck gewidmet ist. Sie hatten ein paar wirklich großartige Ideen zu Geschmackskombinationen, die ansonsten vermutlich untergegangen wären, aber auch interessante Vorschläge dazu, wie die Kuchen aussehen könnten. Eines Abends nach dem Essen fragte ich meine gute Freundin Fiona nach Vorschlägen, und sie sagte: »Ich würde gerne Blattgold auf einer Tarte sehen.« Gut, aus dem Blattgold wurde Blattsilber, da es wirklich perfekt zu dieser von der nahöstlichen Küche inspirierten kalten Tarte passt. Selbstverständlich ist es keine unverzichtbare Zutat, aber die Kombination von Silber und Granatapfelkernen sieht einfach spektakulär aus. – Kirsten

Für 6 Stücke

200 g Shortbread-Biscuits (oder Heidesandplätzchen)

100 g geröstete Walnusskerne

65 g Butter, zerlassen und abgekühlt

2 ½ Blatt Gelatine (Titanium, d. h. à 120 Bloom Gelierkraft)

125 g Sahne

80 g Zucker

250 g griechischer Joghurt

Blattsilber, zum Dekorieren (nach Belieben)

Kerne von 1 Granatapfel, zum Servieren

1 EL Granatapfelsirup, zum Servieren

Shortbread und Walnüsse in der Küchenmaschine zu feinen Krümeln verarbeiten. Die Butter zufügen und mit der Impulsstufe untermischen, bis Streusel entstanden sind. Die Streusel in einer Tarteform (ø 17 cm) verteilen und gleichmäßig an Boden und Seiten andrücken. Im Kühlschrank ruhen lassen, während die Füllung zubereitet wird.

Die Gelatineblätter 5 Minuten in eiskaltem Wasser einweichen. Inzwischen Sahne und Zucker in einem Topf bei schwacher bis mittlerer Hitze bis zum Siedepunkt erwärmen und umrühren, damit sich der Zucker auflöst. Vom Herd nehmen.

Die eingeweichte Gelatine sorgfältig ausdrücken und unter die Sahne rühren, bis sie sich aufgelöst hat. Auf Raumtemperatur abkühlen lassen. Den Joghurt zufügen und das Ganze mit dem Schneebesen glatt rühren.

Die Sahne-Joghurt-Masse auf dem Streuselboden verteilen und im Kühlschrank mindestens 3 Stunden ruhen lassen, bis die Füllung geliert ist. Nach Belieben mit dem Blattsilber dekorieren. Zum Servieren die Granatapfelkerne auf die Tarte streuen und den Granatapfelsirup darüberträufeln.

»Tres Leches«-Kuchen mit Limette

»Tres leches« bedeutet »drei Milchsorten« und ist auch ein traditioneller mexikanischer Biskuit mit kompakter Textur. Der frisch gebackene Biskuit wird in einer Mischung aus gesüßter und ungesüßter Kondensmilch sowie Vollmilch ziehen gelassen und dann gekühlt. Die Kombination der drei Milchsorten sorgt für ein ausgeglichenes Aroma und der gekühlte Kuchen ist im Sommer wunderbar erfrischend. In diesem Kuchen stellt sich die Kombination der Milchsorten (ok, in unserem Rezept ist eine davon Sahne) als ebenso erfolgreich heraus – die Textur ist unheimlich seidig, fast wie ein New York Cheesecake. Mit essbaren Blüten oder saisonalen Früchten garnieren. – Kirsten

Für 6 Stücke

1 Portion Mürbeteig vom Rezept für die Gewürzapfel-Pie mit Golden Syrup (s. S. 28)

400 g gesüßte Kondensmilch

125 g ungesüßte Kondensmilch

375 g Sahne

Saft von 2 Limetten

essbare Blüten oder saisonales Obst, z. B. Beeren oder Steinfrüchte, zum Servieren

Eine 29 cm × 14 cm × 5 cm große Form mit dem Mürbeteig auslegen, sodass er rundherum 2 cm übersteht. Im Kühlschrank 30 Minuten ruhen lassen.

Den Backofen auf 200 °C vorheizen. Den Mürbeteig in der Form mit Backpapier und getrockneten Hülsenfrüchten abdecken. Im Ofen 20 Minuten blindbacken, bis der Teig hellgolden ist. Hülsenfrüchte und Backpapier entfernen, dann weitere 5 Minuten backen, bis sich der Boden trocken anfühlt. Aus dem Ofen nehmen und abkühlen lassen. Die Ofentemperatur auf 120 °C reduzieren.

In einer Schüssel die beiden Sorten Kondensmilch mit Sahne und Limettensaft glatt rühren. Die Masse auf den gebackenen Teigboden gießen und im Ofen etwa 1 Stunde backen, bis die Masse am Rand gestockt ist, in der Mitte aber noch leicht wackelt, wenn man sanft an der Form rüttelt. Auf Raumtemperatur abkühlen und dann im Kühlschrank 2 Stunden ruhen lassen. Zum Servieren mit essbaren Blüten oder frischen Früchten garnieren.

TEIGGITTER

Zunächst 4 Teigstreifen horizontal in gleichmäßigem Abstand auf die leicht bemehlte Arbeitsfläche legen. Den ersten und den dritten Streifen um zwei Drittel zurückfalten. Einen fünften Streifen vertikal neben die Falte legen und die horizontalen Streifen wieder ausbreiten. Den zweiten und vierten horizontalen Streifen zurückfalten, einen weiteren vertikalen Streifen neben die Falte legen und die gefalteten horizontalen Streifen wieder ausbreiten. Abwechselnd mit den restlichen Streifen wiederholen. Das fertige Teiggitter auf die Füllung legen, zum Versiegeln die Ränder von Teigboden und Teiggitter zusammendrücken. Überschüssigen Teig entfernen.

Hinweis: Damit die Streifen perfekt gerade sind, beim Schneiden ein Lineal zur Hilfe nehmen.

TEIGGITTER

TEIGGITTER

REGISTER

A

AHORNSIRUP
Gedeckter Birnen-Ingwer-Kuchen vom Blech 98
Süßkartoffel-Tarte mit Ahornsirup 39
Versunkener Birnenkuchen mit Dinkel-Zimt-Boden 12

ALKOHOL
Bananen-Whiskey-Pie 65
Pfirsichauflauf mit weißer Schokolade 18
Vanillepudding-Whiskey-Pie mit weißer Schokolade 144

APFEL
Apfel-Crostata 62
Apfel-Erdbeer-Auflauf 57
Apfel-Karamell-Pie 54
Bratapfeltaschen 110
Gewürzapfel-Tarte mit Golden Syrup 28

APRIKOSEN
Aprikosen-Erdbeer-Pie mit Vanille 66
Aprikosen-Kardamom-Taschen 83

B

Baklava mit Feigen-Honig-Füllung 80

BANANEN
Bananen-Whiskey-Pie 65
Banffy-Pie mit gesalzenen Erdnüssen 130

BIRNEN
Gedeckter Birnen-Ingwer-Kuchen vom Blech 98
Heidelbeer-Birnen-Pie mit Zitrone 24
Mini-Pies mit gemischten Beeren 86
Pie mit gemischten Beeren 46
Versunkener Birnenkuchen mit Dinkel-Zimt-Boden 12

BLÄTTERTEIG
Aprikosen-Erdbeer-Pie mit Vanille 66
Bananen-Whiskey-Pie 65
Blätterteig mit Himbeer-Vanille-Füllung 90
Nektarinenstrudel mit gebräunter Butter und Honig 42
Pfirsich-Blätterteig-Quadrate mit Karamellsauce 109
Schokoladen-Kirsch-Pithiviers 106

BLÜTEN/BLÜTENWASSER
Gedeckter Rhabarberkuchen mit Rosenwasser 22
Heidelbeer-Lavendel-Tarte mit Haselnussteigboden 14
Mandel-Pflaumen-Crostata mit Orangenblütenwasser und Thymian 53
Ricotta-Dattel-Tarte mit Orangenblütenwasser 140
Bratapfeltaschen 110
Brombeer-Ingwer-Pie 31

C

Chess-Pie mit Kaffee 133

CRANBERRYS
Ingwer-Beeren-Pie 36
Mini-Pies mit gemischten Beeren 86
Pie mit gemischten Beeren 46
Crème-brûlée-Tarte mit Honig und Ingwer 116
Creme-Pie mit gebackenen Erdbeeren 74

D

DATTELN
Ricotta-Dattel-Tarte mit Orangenblütenwasser 140
Schokoladen-Dattel-Tarte mit Meersalz 77

E

Eistorte à la Pfirsich Melba 124

ERDBEEREN
Apfel-Erdbeer-Auflauf 57
Aprikosen-Erdbeer-Pie mit Vanille 66
Creme-Pie mit gebackenen Erdbeeren 74
Pie mit Rhabarber, Erdbeeren und Thymian 10
Quittenkuchen vom Blech 73

ERDNUSSBUTTER
Schokoladen-Erdnussbutter-Törtchen 93

F

FEIGEN
Baklava mit Feigen-Honig-Füllung 80

FRISCHKÄSE
Bananen-Whiskey-Pie 65
Ricotta-Dattel-Tarte mit Orangenblütenwasser 140
Ricotta-Tarte mit Lemon Curd und Mohn 120

G

Gedeckter Birnen-Ingwer-Kuchen vom Blech 98
Gedeckter Rhabarberkuchen mit Rosenwasser 22

Gewürzapfel-Tarte mit Golden Syrup 28

GOLDEN SYRUP
Gewürzapfel-Tarte mit Golden Syrup 28
Schokoladen-Pekannuss-Pies mit Golden Syrup 21

GRANATAPFEL
Joghurt-Walnuss-Granatapfel-Tarte 146

H

HEIDELBEEREN
Heidelbeer-Birnen-Pie mit Zitrone 24
Heidelbeer-Lavendel-Tarte mit Haselnussteigboden 14
Ingwer-Beeren-Pie 36
Kirsch-Heidelbeer-Kokos-Crumble 50
Pie mit gemischten Beeren 46
Zitronen-Heidelbeer-Pie mit Baiserhaube 70

HIMBEEREN
Blätterteig mit Himbeer-Vanille-Füllung 90
Eistorte à la Pfirsich Melba 124
Himbeer-Vanillepudding-Pie 58
Ingwer-Beeren-Pie 36
Mini-Pies mit gemischten Beeren 86
Pie mit gemischten Beeren 46
Quittenkuchen vom Blech 73
Stapeltorte 105

HONIG
Baklava mit Feigen-Honig-Füllung 80
Crème-brûlée-Tarte mit Honig und Ingwer 116
Honig-Mascarpone-Galette mit Weintrauben 17
Nektarinenstrudel mit gebräunter Butter und Honig 42
Tahin-Honig-Tartelettes 113

I

INGWER
Brombeer-Ingwer-Pie 31
Crème-brûlée-Tarte mit Honig und Ingwer 116
Gedeckter Birnen-Ingwer-Kuchen vom Blech 98
Ingwer-Beeren-Pie 36

J

Joghurt-Walnuss-Granatapfel-Tarte 146

K

KIRSCHEN
Kirsch-Heidelbeer-Kokos-Crumble 50
Kirschtaschen 89
Schokoladen-Kirsch-Pithiviers 106
Kokos-Pie mit Wassermelone und Minze 137
Kürbis-Tarte mit karamellisierten Kürbiskernen 32

L

LIMETTEN
Tamarinden-Limetten-Kuchen mit Cashew-Salz-Karamell 123
»Tres Leches«-Kuchen mit Limette 149

M

Mandel-Pflaumen-Crostata mit Orangenblütenwasser und Thymian 53
Mango-Vanilleeis-Auflauf 143

MASCARPONE
Creme-Pie mit gebackenen Erdbeeren 74
Honig-Mascarpone-Galette mit Weintrauben 17
Tiramisu-Törtchen 97
Zitronen-Heidelbeer-Pie mit Baiserhaube 70
Mini-Pies mit gemischten Beeren 86

N

Nektarinenstrudel mit gebräunter Butter und Honig 42

NÜSSE/KERNE
Apfel-Crostata 62
Baklava mit Feigen-Honig-Füllung 80
Bananen-Whiskey-Pie 65
Banffy-Pie mit gesalzenen Erdnüssen 130
Blätterteig mit Himbeer-Vanille-Füllung 90
Gewürzapfel-Tarte mit Golden Syrup 28
Heidelbeer-Lavendel-Tarte mit Haselnussteigboden 14
Joghurt-Walnuss-Granatapfel-Tarte 146
Kirsch-Heidelbeer-Kokos-Crumble 50
Kürbis-Tarte mit karamellisierten Kürbiskernen 32
Rhabarber-Frangipane-Crostatas mit Vanillesauce 94
Rhabarber-Orangen-Pie mit Pistazien 40
Schokoladen-Erdnussbutter-Törtchen 93
Schokoladen-Kirsch-Pithiviers 106
Schokoladen-Pekannuss-Pies mit Golden Syrup 21
Schoko-Nuss-Tarte 45
Tamarinden-Limetten-Kuchen mit Cashew-Salz-Karamell 123

O

ORANGEN
Rhabarber-Orangen-Pie mit Pistazien 40
Schokoladen-Orangen-Kuchen 119

P

PANNACOTTA
Yin und Yang 126

PFIRSICH
Eistorte à la Pfirsich Melba 124
Pfirsich-Blätterteig-Quadrate mit Karamellsauce 109
Pfirsichauflauf mit weißer Schokolade 18

PFLAUMEN
Mandel-Pflaumen-Crostata mit Orangenblütenwasser und Thymian 53
Pie mit gemischten Beeren 46
Pie mit Rhabarber, Erdbeeren und Thymian 10

Q
Quittenkuchen vom Blech 73

R
RHABARBER
Gedeckter Rhabarberkuchen mit Rosenwasser 22
Pie mit Rhabarber, Erdbeeren und Thymian 10
Rhabarber-Frangipane-Crostatas mit Vanillesauce 94
Rhabarber-Orangen-Pie mit Pistazien 40

RICOTTA
Ricotta-Dattel-Tarte mit Orangenblütenwasser 140
Ricotta-Tarte mit Lemon Curd und Mohn 120

S
S'more-Muffins 102

SCHOKOLADE
Apfel-Erdbeer-Auflauf 57
Pfirsichauflauf mit weißer Schokolade 18
S'more-Muffins 102
Schokoladen-Dattel-Tarte mit Meersalz 77
Schokoladen-Erdnussbutter-Törtchen 93
Schokoladen-Kirsch-Pithiviers 106
Schokoladen-Orangen-Kuchen 119
Schokoladen-Pekannuss-Pies mit Golden Syrup 21
Schoko-Nuss-Tarte 45
Süßkartoffel-Tarte mit Ahornsirup 39
Tahin-Honig-Tartelettes 113
Tiramisu-Törtchen 97
Vanillepudding-Whiskey-Pie mit weißer Schokolade 144
Yin und Yang 126

Stapeltorte 105
Süßkartoffel-Tarte mit Ahornsirup 39

T
Tahin-Honig-Tartelettes 113
Tamarinden-Limetten-Kuchen mit Cashew-Salz-Karamell 123
Tiramisu-Törtchen 97
»Tres Leches«-Kuchen mit Limette 149

V
Vanillepudding-Whiskey-Pie mit weißer Schokolade 144
Versunkener Birnenkuchen mit Dinkel-Zimt-Boden 12

W
WASSERMELONE
Kokos-Pie mit Wassermelone und Minze 137

Y
Yin und Yang 126

Z
ZITRONEN
Heidelbeer-Birnen-Pie mit Zitrone 24
Ricotta-Tarte mit Lemon Curd und Mohn 120
Zitronen-Heidelbeer-Pie mit Baiserhaube 70
Zitronenkuchen 134

ÜBER DIE AUTORINNEN

Phoebe Wood

Phoebe studierte »Commercial Cookery« am TAFE-College und bekam in dieser Zeit ihren Traumjob beim Magazin *delicious.* Nach vier Jahren bei *delicious.* ging Phoebe für drei Monate nach New York, um dort durch das Genießen von und Forschen über amerikanisches Essen Inspiration zu finden. Nach ihrer Heimkehr arbeitete sie eine Staffel für *MasterChef Australia* und bekam dann den Job als Food-Editor beim Magazin *SBS Feast*, in dem sie ihre persönliche Essensphilosophie weiterentwickelte. Seitdem arbeitete sie als Freiberuflerin für Titel wie *MiNDFOOD* und *Prevention* und ist inzwischen Senior-Food-Editor beim Magazin *delicious.*

Kirsten Jenkins

Nachdem sie den Abschluss in »Commercial Cookery« am TAFE-College erlangt hatte, verbrachte Kirsten sechs Monate in Großbritannien mit der Arbeit an französischen Kochbüchern. Als sie nach Australien zurückgekehrt war, arbeitete sie während der ersten Staffel im Team von *MasterChef Australia* und danach drei Jahre als Food-Editor für das *Donna Hay Magazine*. Sie hat für Magazine wie *SBS Feast*, *Taste* und *MiNDFOOD* gearbeitet und ist heute freiberufliche Rezepte-Entwicklerin, Food-Stylistin und außerdem Style-Editor beim Magazin *delicious.*

DANK

Phoebe Ohne die Liebe und Unterstützung meines Partners Simon wäre dieses Buch nicht möglich gewesen. Vielen Dank, dass du mir acht Monate, in denen ich ununterbrochen über Pies geredet habe, zugehört hast, danke für deine Geduld, dein kreatives Verständnis und deine ständige Ermutigung. An Mum und Dad, meine Helden und meine Inspiration: Vielen Dank, dass ihr mich zur Liebe und Wertschätzung von Lebensmitteln erzogen habt, und dazu, alles, was ich mache, schamlos kreativ und sorglos anzugehen. An meine Schwestern Grace und Ali, meine besten Freundinnen und größten Unterstützerinnen: Vielen Dank, dass ihr jedesmal, wenn ihr eine meiner Pies kostet, wirklich übertrieben reagiert – das ist das Ganze wert. An meine Freundinnen Sam, Shannon, Pru und Yasmin, die sich zum Dreifach-Testen bereiterklärt haben: Ich kann euch für eure Zeit gar nicht genug danken. Danke an das *Feast*-Team, vor allem Lara und Anita, die mir Selbstvertrauen in mich und meine Küche gegeben haben und mir zeigten, was echte Lebensmittel sind. Und zu guter Letzt danke an Kirsten, die zu den kreativsten und brillantesten Menschen gehört, die ich kenne: Du warst eine große Inspiration – nicht nur auf dieser Pie-Reise, sondern von dem Moment an, in dem wir uns kennengelernt haben. Deine Motivation, dein wunderbarer Humor und deine konstant positive Einstellung haben mir in diesem Prozess ständig Energie gegeben. Vielen Dank dafür, dass du »Ja« zu dieser verrückten Idee gesagt hast, denn ohne dich hätte ich sie nie verwirklichen können.

Kirsten Zuerst und vor allem möchte ich Georgie danken. Ich weiß, dass es ein verrücktes Jahr war, und ich weiß, dass es noch verrückter war, in dieser Zeit ein Buch zu machen! Danke für deine Unterstützung, deine Führung, deine Ehrlichkeit und deine Liebe! An meine Mutter, meinen Vater, Steppy und Kirk: Danke für eure Liebe und dafür, dass ihr mir ständig versichert habt, dass ich gar nicht so schlecht in dem bin, was ich tue. An Jody Vasallo: Ich kann dir gar nicht genug dafür danken, mich in die Branche eingeführt und mir alles beigebracht zu haben, was du weißt. An Paula Vasallo, was für eine verdammt gute Freundin du doch bist. Vielen Dank, dass du immer zugehört und meine Hand gehalten hast, wenn ich mich am Rand eines Abgrunds wiedergefunden habe. An die wunderbaren Menschen, mit denen ich bisher zusammengearbeitet habe, vielen Dank, dass ihr mich aus meiner Komfortzone gestoßen und mich herausgefordert habt, über mich selbst hinauszuwachsen. Und an Phoebe … Du meine Güte! Du bist eine fabelhafte Freundin, Arbeitskollegin und so talentiert. Ich hätte mir nicht vorstellen können, dieses Projekt mit jemand anderem zu verwirklichen. Wir haben es geschafft, und ich bin so stolz auf dich.

Beide Ein großes Dankeschön an Georgie und Joe von Prop Co-op dafür, dass sie uns die Pie-Formen, perfekten Hintergründe und andere Materialien organisiert haben, die sonst keiner mitnimmt. Dem Team von Hardie Grant können wir gar nicht genug für die Unterstützung und den Einsatz für unser Projekt danken. An Laura, unsere Wortschmiedin, die so wachsam auf jedes Detail in jedem Rezept geachtet hat, und an Rachel, unsere Lektorin, für deine Unterstützung und dein Verständnis und dafür, dass du uns auf Trab gehalten hast. Vielen Dank an Courtney, auf der anderen Seite der Welt, dass du unsere Vision verstanden und einen so guten Job erledigt hast, sie zu illustrieren. An Jane und Mark, für eure kreative Vision und den Glauben an uns und unsere Idee, vielen Dank für den Ansporn, der zur Umsetzung unseres Projektes geführt hat.

Programmleitung Jane Wilson
Projektbetreuung Rachel Day, Laura Herring
Gestaltung Mark Campbell, Courtney Eckersley, Patrick Cannon
Herstellung Todd Rechner
Fotos Kirsten Jenkins
Portraits Simon Kelly
Foodstyling Kirsten Jenkins

Für die deutsche Ausgabe:
Programmleitung Monika Schlitzer
Redaktionsleitung Caren Hummel
Projektbetreuung Clara Ferschen
Herstellungsleitung Dorothee Whittaker
Herstellungskoordination Arnika Marx
Herstellung Stephanie Sarlos, Stefanie Staat

Titel der englischen Originalausgabe: The Pie Project

Published by Hardie Grant Books, an imprint
of Hardie Grant Publishing, in 2016
Alle Rechte vorbehalten
Text © Phoebe Wood, Kirsten Jenkins, 2016
Design © Hardie Grant Publishing, 2016
Fotografie © Kirsten Jenkins
The moral right of the author has been asserted

© der deutschsprachigen Ausgabe
by Dorling Kindersley Verlag GmbH, München, 2018
Ein Unternehmen der Penguin Random House Group
Alle deutschsprachigen Rechte vorbehalten

Jegliche – auch auszugsweise – Verwertung,
Wiedergabe, Vervielfältigung oder Speicherung,
ob elektronisch, mechanisch, durch Fotokopie
oder Aufzeichnung, bedarf der vorherigen
schriftlichen Genehmigung durch den Verlag.

Übersetzung Carla Gröppel-Wegener
Lektorat Julia Bauer
ISBN 978-3-8310-3282-2

Druck und Bindung 1010 Printing, China

Besuchen Sie uns im Internet
www.dorlingkindersley.de

ISBN 978-3-8310-3171-9
€ 24,95 (D) / € 25,70 (A)

ISBN 978-3-8310-3046-0
€ 24,95 (D) / € 25,70 (A)

ISBN 978-3-8310-2783-5
€ 19,95 (D) / € 20,60 (A)